Delfín Motos i Navarrón

Original mallorquinische
Tapas

- Kulinarische Urlaubsgrüße – unverfälscht und köstlich
- Rezepte für Fisch, Fleisch und Gemüse

AUGUSTUS

Inhalt

Abkürzungen

EL	= Esslöffel	g	= Gramm
TL	= Teelöffel	cm	= Zentimeter
Msp.	= Messerspitze	mm	= Millimeter
l	= Liter	TK-	= Tiefkühl…
ml	= Milliliter	°C	= Grad Celsius
cl	= Zentiliter	Ø	= Durchmesser
kg	= Kilogramm		

Köstliche Tapas-Küche

Rund um die Entstehung der Tapas

Wirkliche Gewissheit, wie die Tapas entstanden sind, gibt es nicht. Sicher ist nur, dass alle Spanier, und nicht nur sie, froh darüber sind, dass es sie gibt.

Die andalusische Variante

Die gängigste und auch die wahrscheinlichste Geschichte, die sich um die Entstehung der Tapas rankt, ist diejenige, welche Andalusier gerne verbreiten. Für diese besteht kein Zweifel, dass die Tapas aus dem sonnigen Süden Spaniens stammen. Da Andalusier ihr Gläschen Sherry schon immer gerne auch im Freien tranken und der süße Duft des Sherries natürlich auch interessierte Insekten anlockte, legte man einfach eine Scheibe Wurst, Schinken oder Käse als Deckel (»tapa«) auf das Glas.

Daraus wurde schnell ein richtiger Deckel, auf den man Oliven, etwas Fisch, Schinken, Chorizo oder andere kleine Appetithappen legte. Manche meinen sicher nicht zu Unrecht, dass die Wirte diese Idee unterstützten, weil sie hofften, bei ihren Gästen auf diese Weise den Appetit auf eine größere Mahlzeit anzuregen.

Die Königsvariante

Dass nicht alle Spanier den Bewohnern von Andalusien die Ehre überlassen möchten, die Tapas entdeckt zu haben, versteht sich bei ihrer Beliebtheit fast von selbst.

Eine andere Legende geht auf den kastilischen König Alfonso X. zurück. Für einige Spanier ist er der Urheber des portionierten Genusses.

Alfonso regierte im 13. Jahrhundert. Auf Anraten der Ärzte musste er sich beim Essen stark zurückhalten. So kamen seine Leibköche auf die Idee, dem Regenten ihre Köstlichkeiten nur noch in kleinen Häppchen zu servieren. Dieser war von den kleinen Gerichten und der Art des Genießens so angetan, dass er alles für ihre Verbreitung tat. Alfonso herrschte zugleich über Sevilla und Córdoba, womit wir uns auch wieder im Süden des Landes wiederfinden.

Der Einfluss der Mauren

Die Mauren ließen gerade in Andalusien deutliche Spuren ihrer Kultur zurück, auch in kulinarischer Hinsicht. In ihrer nordafrikanischen Heimat galt es schon immer als ein Zeichen kultivierter Gastfreundschaft, bei Besuch vielerlei kleine Speisen aufzutischen. Deshalb gibt es auch die Ansicht, dass der maurische Einfluss zumindest die Entwicklung der Tapas von einer Scheibe Wurst oder Käse zu einer breiten Auswahl an kleinen Köstlichkeiten unterstützt hat. Allerdings findet diese Theorie in Spanien verständlicherweise nur wenig Anhänger – wer gesteht einem Eroberer schon gerne einen Einfluss bei seinem wichtigsten kulinarischen Kulturgut zu?

Der Siegeszug der Tapas

Wie auch immer die Tapas entstanden sind, über eines sind sich alle einig: Das Wichtigste ist, dass es sie gibt.

Vom Süden aus begannen sie ihren Siegeszug durch ganz Spanien und sind mittlerweile dabei, noch weitere Gebiete der Welt zu erobern. Dass diese delikaten Häppchen gerade bei der spanischen Mentalität auf fruchtbaren Boden fielen, überrascht wohl niemanden. Denn was könnte für einen Spanier schöner sein, als in lockerer Atmosphäre zu sitzen und zu plaudern, an einem Gläschen Sherry oder Wein zu nippen und dazu eine Kleinigkeit zu essen? So kann man vor dem Mittag- oder Abendessen von Bar zu Bar schlendern, mit Freunden etwas trinken, sich über die Sorgen und Freuden des Tages austauschen und dabei gleich die Vorspeise zum Essen zu sich nehmen.

Mallorquinische Tapas

Natürlich gab es in manchen Gegenden Spaniens besondere Entwicklungen, und es entstanden bestimmte Vorlieben.

Im Norden fand man anfangs gerade an den kleinen Spießchen Gefallen, so dass man heute oft den Ausdruck »pinchos« (Spieße) als Synonym für Tapas hört, auch wenn die Zutaten gar nicht aufgespießt sind. In Valencia kommen die Tapas am häufigsten in Form von »montaditos« (Berittene) auf den Tisch, das sind kleine, mit den verschiedensten Leckereien belegte Brötchen oder Brotscheiben.

Typisch Mallorca: »Pinchitos«

Dass die Tapas auch auf die Balearen gelangten und dort zum festen Bestandteil der Küche wurden, wird niemanden verwundern. Und dass sie dort ebenfalls ihre Besonderheiten entwickelten, genauso wenig. Auf Mallorca bewegten sich die Tapas in zwei Richtungen. Zum einen gibt es die »pinchitos« – das sind kleine Spießchen, auf die alles, was die mallorquinische Küche bietet, in bunter Reihenfolge und in allen erdenklichen Variationen aufgespießt wird. Pinchitos sind die typischen Tapas für zwischendurch. Dazu gehören auch viele Gerichte, die in kleine Würfel oder mundgerechte Häppchen geschnitten oder in kleinen Portionen zubereitet werden. Sie werden mit Zahnstochern zum Aufspießen auf den Tisch gestellt.

Mallorca ist nicht nur nach kulinarischen Gesichtspunkten ein malerisches Fleckchen Erde. Hier im Bild die ruhig gelegene Bucht Cala Figuera im Südwesten der Insel.

Fast eine Mahlzeit

Die andere Richtung, in die sich die Tapas Mallorcas entwickelten, ist weniger bekannt: Eine mallorquinische Tapa kann auch eine fast schon untypische größere Portion sein. Auf Mallorca lebte vor dem großen Touristenboom eine überwiegend ländliche Bevölkerung. Der Besuch der nächsten Bar auf ein schnelles Gläschen Sherry oder Wein und ein kurzes Gespräch war da nicht immer so einfach. Auf die lieb gewonnenen Tapas verzichten wollte man aber auch nicht. So bereitete man sie eben zu Hause zu – dass man hier üppiger portionierte, liegt auf der Hand. Den eigentlichen Ausschlag jedoch gaben wohl die spanischen Essgewohnheiten. Spanier gestalten ihr Frühstück meist eher karg. Bis zum Mittagessen, das erst am späten Mittag oder sogar nachmittags eingenommen wird, beziehungsweise bis zur Hauptmahlzeit, dem ausgiebigen Abendessen, liegt ein langer Weg, gepflastert mit harter Arbeit. Also stärkt man sich vorab mit einer Brotzeit, die man etwa zwischen 11 und 12 Uhr, oder auch am frühen Abend zu sich nimmt. Mit ein paar kleinen Tapas ist es dann allerdings nicht getan. Die nahe liegende Lösung besteht darin, die Portionen etwas größer zu gestalten, wie Sie an den Mengenangaben einiger Rezepte sehen werden.

Feine Zutaten

Wie für alle Inseln gilt auch für Mallorca, dass die Anlieferwege etwas komplizierter als auf dem Festland sind. Deshalb greift man auf das zurück, was der eigene Markt zu bieten hat. Die Rezepte der mallorquinischen Küche unterscheiden sich daher in einigen Punkten von der Küche des restlichen Spaniens: Einige Zutaten treten einfach öfter in Erscheinung und sind in neuen Kombinationen anzutreffen. Fast die Hälfte der Landfläche Mallorcas ist von weiten Gemüsefeldern bedeckt. Sie bieten einen reichen Fundus an Zutaten. Allerdings haben viele Gebiete mit Wasserproblemen zu kämpfen, was dazu führt, dass etliche Produkte nicht zu der Größe, wie man sie vom Festland kennt, heranreifen, dafür aber geschmacksintensiver sind. Die kleinen dunklen Tomaten zum Beispiel haben einen besonders aromatischen Geschmack, während sich die ebenfalls klein gewachsenen Paprika durch ihre Schärfe hervorheben. Andere, gerne und häufig verwendete heimi-

Der Hafen des hübschen Städtchens Sóller ist sehr belebt. Entlang der Uferstraße sieht man in einem der zahlreichen Cafés und Restaurants dem geschäftigen Treiben zu und genießt dabei köstliche Tapas.

sche Gemüse sind Auberginen, Mangold, Spinat und Fenchel.

Wegen der geringen Größe der Insel gibt es nur wenig Rinderzucht. Das Schwein steht klar an erster Stelle. Die berühmten schwarzen Schweine, die auf den Balearen seit Jahrtausenden heimisch sind, liefern das beste Fleisch. Daneben gelangen auch Hühner, Kaninchen und Wildgeflügel, wie Tauben und Wachteln, in den Kochtopf.

Fangfrisch aus dem Meer

Zum einen zeichnet Mallorca eine deftige Landküche aus, zum anderen findet natürlich alles, was das Meer zu bieten hat, reichlich Verwendung.

Bei den Tapas haben die Mallorquiner eine gewisse Vorliebe für Gambas und Langostinos, für Riesengarnelen und Hummerkrabben, entwickelt. Häufig verwendet werden daneben alle Arten von Tintenfischen, wie Sepia, Kalmare und Kraken.

Natürlich tauchen in der mallorquinischen Küche auch immer wieder Muscheln, hier vor allem Miesmuscheln, auf. Kleine Fische, wie Sardinen und Sardellen, ideal für Tapas, erfreuen sich ebenfalls großer Beliebtheit.

Das Erbe der Eroberer

In seiner bewegten Geschichte musste Mallorca einige Besetzungen über sich ergehen lassen. Allerdings legten es die Eroberer meist nicht darauf an, die Insel zu zerstören, sondern sie kultivierten sie. So kann die mallorquinische Küche auf einige interessante Einflüsse und Hinterlassenschaften zurückgreifen. Die Phönizier zum Beispiel brachten den Wein mit, während die Römer Olivenbäume pflanzten und Weizen anbauten.

Am deutlichsten kann man heute noch die Spuren der Mauren entdecken, wenn man Wein, Oliven und Olivenöl außer Acht lässt, die zu einer Selbstverständlichkeit geworden sind. Ihr Erbe besteht neben Aprikosen und Pfirsichen in der Einführung von Feigen, Datteln, Mandeln und Pinienkernen in die mallorquinische Küche. Sie werden auch sehr gerne für Tapas verwendet, mehr als dies auf dem Festland der Fall ist.

Mallorcas Kräutergarten

Typisch für mallorquinische Tapas ist die Vorliebe für zwei bestimmte Kräuter: Fenchelkraut und Majoran geben vielen Rezepten ihren charakteristischen Geschmack. Auf die anderen klassischen Kräuter der Mittelmeerküche, wie Rosmarin, Thymian, Oregano, Lorbeer oder Basilikum, wird natürlich dennoch nicht verzichtet.

Die »Pizza« der Balearen

Was die Pizza für die Italiener ist, ist die Coca für die Bewohner der Balearen. Diesen Blechkuchen gibt es in einer Unzahl von Variationen und aus den unterschiedlichsten Teigen. Ob einfach als Brotersatz, dünn ausgerollt und mit Paprika, Zwiebel und Knoblauch oder Spinat, Mangold und Pinienkernen belegt, als pikanten Kuchen, in dem Sardinen oder Sobrasadascheiben versinken, oder mit einem fruchtigen Belag als Dessert – Cocas isst man bei jeder erdenklichen Gelegenheit. Deshalb wird eine Coca, in kleine Stücke geschnitten, warm oder kalt auch als Tapa gereicht.

Mallorquinischer Wein

Der Weinanbau auf Mallorca hat eine bewegte Geschichte hinter sich. Unter den Römern, zu Beginn unserer Zeitrechnung, erlebte er ein erstes Hoch. Die maurischen Eroberer waren aus Glaubensgründen allerdings nicht am Weinanbau interessiert. Erst nach Beendigung ihrer Herrschaft erfuhr er eine Renaissance, die Ende des 19. Jahrhunderts leider durch eine Reblausplage beendet wurde.

In den letzten Jahrzehnten hat der mallorquinische Wein abermals an Bedeutung gewonnen. Mehr und mehr Wein wird produziert, bedauerlicherweise gelangt er aber noch kaum in den Export. Meist wird er, abgesehen von einigen wenigen Qualitätsweinen, noch jung auf Mallorca selbst getrunken. Dennoch wurde er bei den Weinempfehlungen berücksichtigt, da die Produktion weiter steigt.

Einfache Tapas und Pinchitos

Ohne großen Aufwand schnell und unkompliziert zubereitet sind die kleinen Spießchen, belegten Brötchen und einfachen Gerichte, die als kleiner Snack zu einem Glas Wein oder Sherry immer willkommen sind.

Geht schnell

Klassische Tapas
Tapas Clásicas

Für 4 Portionen

- 200 g Serranoschinken
- 200 g Chorizo
- 200 g Manchegokäse
- 1 Glas mit Anchovis gefüllte Oliven
- 2 Dosen Anchovis mit Kapern

1. Den Serranoschinken in Würfel, die Chorizo in dicke Scheiben schneiden. Den Käse würfeln. Oliven und Anchovis abtropfen lassen.

2. Die Zutaten getrennt in Schälchen oder auf kleinen Tellern anrichten und mit Zahnstochern zum Aufspießen servieren.

Zubereitungszeit:
ca. 10 Minuten

Serviertipp
Reichen Sie dazu leicht angeröstete Baguettescheiben, die mit einer Knoblauchzehe eingerieben sind. Als Getränk passt ein kräftiger roter Landwein aus Katalonien gut zu diesen klassischen Tapas.

Traditionell

Bauern-Tapa
Tapa Payesa

Für 4 Portionen

- 8 Toastbrotscheiben
- 1 Knoblauchzehe
- 4 reife Tomaten
- Salz
- Olivenöl
- 100 g Serranoschinken

Klassische Tapas (Bild Seite 8/9) sind ohne Mühe zuzubereiten und dennoch feinster Gaumengenuss.

1. Die Brotscheiben toasten und halbieren. Die Knoblauchzehe abziehen und die Brotscheiben damit einreiben.

2. Die Tomaten waschen, halbieren und auf die noch heißen Toastbrotscheiben streichen. Mit Salz bestreuen und mit Olivenöl beträufeln.

3. Den Schinken würfeln und auf den Broten verteilen.

4. Die belegten Toasts auf einer Platte anrichten und sofort servieren.

Zubereitungszeit:
ca. 15 Minuten

Serviertipp
Zu dieser Bauern-Tapa passt am besten ein Cava brut oder extra seco.

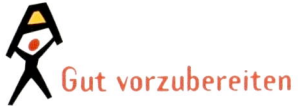

Gut vorzubereiten

Tapa-Spießchen
Tapas Bocaditos

Für jeweils 1 Spießchen

Wurstspieß
- 1 Würfel Serranoschinken
- 1 Würfel Mahón- oder Manchegokäse
- 1 Scheibe Sobrasada- oder Chorizowurst
- 1 Olive ohne Stein

Melonenspieß
- 1 Würfel Serranoschinken
- 1 Würfel Melone
- 1 Blatt Kopfsalat, zusammengewickelt

Gurkenspieß
- 1 Würfel Serranoschinken
- 1 Cornichon
- 1 Stück Tomate
- 1 große Kaper

Tortillaspieß
- 1 Stück Tortilla
- 1 Stück Tomate
- 1 Blatt Kopfsalat, zusammengewickelt
- 1 Olive ohne Stein

Sardinenspieß
- 1 Stück Baguette
- 1 Stück Tomate
- ½ Ölsardine
- 1 schwarze Olive ohne Stein

Sardellenspieß
- 1 Stück Baguette
- 1 Stück Tomate
- 1 Stück Paprika

- 1 Sardelle, zusammen- gerollt mit Kapern
- 1 mit Sardellen gefüllte Olive

Garnelenspieß
- 1 Stück Baguette
- 1 Stück Tomate
- 1 dünne Scheibe Knoblauch
- 2 gekochte und geschälte Garnelenschwänze
- 1 schwarze Olive ohne Stein

Eierspieß
- 1 Würfel Baguette
- 1 Scheibe hart gekochtes Ei
- 2 Sardellen, gerollt
- 1 grüne Olive ohne Stein
- 1 große Kaper

Muschelspieß
- 1 Stück Baguette
- 1 Stück Tomate
- 1 gekochter und geschälter Garnelenschwanz
- 1 Scheibe Gurke
- 1 gekochte Miesmuschel
- 1 Blatt Romanasalat
- 1 grüne Olive ohne Stein

Garnelen-Tortilla-Spieß
- 1 Stück Tortilla
- 1 gekochter und geschälter Garnelenschwanz
- 1 Olive ohne Stein

1. Die jeweiligen Zutaten der Reihe nach auf einen Zahnstocher spießen.

2. Für 4 Portionen 16 bis 20 Spieße nach freier Auswahl zubereiten und auf einer Platte anrichten.

Zubereitungszeit: ca. 25 Minuten

Varianten
Diese Spieße sind aus Zutaten, die oft bei mallorquinischen Tapas Verwendung finden, zusammengestellt. Betrachten Sie sie als Vorschläge und Anregungen. Natürlich können Sie auch Ihre eigenen Kombinationen kreieren – aus den Zutaten, die Sie gerade zur Hand haben.

Serviertipp
Zu dieser Auswahl an bunten Spießchen können Sie Sherry anbieten, am besten einen Sherry Fino.

11

Gelingt leicht

Knoblauchwurst mit Cidre
Chorizos con Sidra

Für 4 Portionen

- 4 Chorizos Rosario
- 500 ml Cidre

1. Die Chorizos mit dem Cidre in einen Topf geben und zugedeckt bei schwacher Hitze 15 Minuten kochen.

2. Den Topf vom Herd nehmen, die Chorizos herausnehmen, in 1 cm dicke Scheiben schneiden, diese auf vier Teller verteilen und mit dem Kochsud begießen. Sofort servieren.

Zubereitungszeit:
ca. 20 Minuten

Serviertipp
Dazu am besten ein Glas Cidre und Knoblauchbrot reichen.

Klassiker

Luftgetrockneter Schinken mit Wassermelone
Jamón con Sandía

Für 4 Portionen

- ¼ Wassermelone
- 150 g luftgetrockneter Schinken in Scheiben

1. Das Fruchtfleisch der Melone von der Schale schneiden, entkernen und in 3 cm große Würfel schneiden.

2. Den Schinken in Streifen von 12 cm Länge und 3 cm Breite schneiden. Die Streifen um die Wassermelonenwürfel wickeln und mit einem Zahnstocher fest stecken.

3. Die Spießchen auf einer Platte anrichten.

Zubereitungszeit:
ca. 15 Minuten

Serviertipp
Zu diesem leichten Gericht passt ein Schaumwein, z. B. ein Cava brut oder brut nature.

Frisch nach Sommer und Süden schmeckt Luftgetrockneter Schinken mit Wassermelone (Bild rechts).

Tipp
Natürlich eignet sich am besten spanischer Serranoschinken. Falls dieser nicht erhältlich ist, können Sie auf Parmaschinken zurückgreifen.

 Orginell

Garnelen Fischerart
Pil-Pil de Gambas

Für 4 Portionen

- 300 g rohe Garnelen-
  schwänze, ca. 5 cm lang
- 3 Knoblauchzehen
- 2 EL Olivenöl
- 5 Piri-Piri-Pfefferschoten
- Salz
- frisch gemahlener Pfeffer
- 1 TL Paprikapulver
  rosenscharf
- 2 EL Sherry Fino

1. Die Garnelenschwänze
schälen, am Rücken ein-
schneiden, vom Darmfaden
befreien, waschen und
trockentupfen. Die Knob-
lauchzehen abziehen und
durch die Knoblauchpresse
drücken.

2. Das Olivenöl erhitzen.
Garnelen, Knoblauch und Piri-
Piri-Pfefferschoten darin bei
starker Hitze 2 Minuten braten und mit Salz und Pfeffer
würzen.

3. Die Temperatur auf schwa-
che Hitze reduzieren, die
Garnelen mit Paprikapulver
bestäuben und umrühren.
Mit dem Sherry ablöschen
und unter ständigem Rühren
1 Minute ziehen lassen.

4. Die Pfefferschoten entfernen. Die Garnelenschwänze
auf vier Teller verteilen und
sofort servieren.

Zubereitungszeit:
ca. 20 Minuten

Serviertipp
Reichen Sie zu den Garnelen
den Sherry, den Sie zum
Kochen verwendet haben.

Tipp
Die kleinen roten Piri-Piri-Pfefferschoten sind
weltweit berühmt und zugleich berüchtigt
wegen ihrer Schärfe, die in keinem Verhältnis
zu ihrer Größe steht. Schon im Umgang mit
ihnen ist Vorsicht geboten, um Verbrennun-
gen der Haut zu vermeiden. Meist werden sie
nur mitgegart, um ihre Schärfe abzugeben,
selten mitgegessen. Wenn Sie es nicht ganz
so scharf mögen, reichen 2 bis 3 Pfefferschoten für dieses Gericht aus.

 Traditionell

Garnelen im Knoblauchsud
Gambas al Ajillo

Für 4 Portionen

- 400 g rohe Garnelen-schwänze, ca. 6 cm lang
- 4 Knoblauchzehen
- 8 EL Olivenöl
- 8 kleine getrocknete Chilischoten
- Salz
- ½ Bund Petersilie

1. Die Garnelenschwänze schälen, am Rücken ein-schneiden, vom Darmfaden befreien, waschen und trockentupfen. Die Knob-lauchzehen abziehen und in Scheiben schneiden.

2. Das Olivenöl auf vier feuerfeste Tonschalen (bei Gasherd) oder kleine Pfänn-chen (bei Elektroherd) von etwa 8 cm Ø verteilen und erhitzen. Garnelenschwänze, Knoblauch und Chilischoten zugeben, kurz anbraten. Die Garnelenschwänze wenden und mit Salz würzen.

3. Die Tonschalen oder Pfännchen abdecken, vom Herd nehmen und die Garne-len 3 bis 4 Minuten ziehen lassen.

4. Die Petersilie waschen und trockentupfen. Die Blättchen abzupfen, hacken und über die Garnelen streuen. Die Tonschalen oder Pfännchen auf Unterteller stellen und sofort servieren.

Zubereitungszeit:
ca. 25 Minuten

Serviertipp
Die Garnelen im Knoblauch-sud mit viel Brot servieren, das man in den Sud eintun-ken kann. Als Getränk passt ein leichter Weißwein aus dem Anbaugebiet Vi de la Terra del Pla i Llevant de Mallorca.

 Preiswert

Wilde Kartoffeln
Patatas Bravas

Für 4 Portionen

- 500 g Salatkartoffeln
- 3 Knoblauchzehen
- 4 EL Olivenöl
- Salz
- 250 g Tomatensauce
- Tabasco nach Geschmack
- 2 TL Weißweinessig

1. Die Kartoffeln bissfest kochen, schälen und in Spalten schneiden.

2. Die Knoblauchzehen abziehen und fein würfeln. Das Olivenöl erhitzen und den Knoblauch darin kurz anbraten. Die Kartoffelspalten zugeben und in 8 bis 10 Minuten goldbraun braten. Mit Salz würzen. Herausnehmen und auf Küchenpapier abtropfen lassen.

3. In einer großen Schüssel Tomatensauce, Tabasco und Essig verrühren. Die Kartoffeln hinzufügen und in der Tomatensauce wenden. Auf vier Teller verteilen und sofort servieren.

Zubereitungszeit:
ca. 50 Minuten

Serviertipp
Dazu am besten ein Glas Sherry Fino reichen.

 Traditionell

Kartoffeln mit Knoblauchsauce
Papas All i Oli

Für 4 Portionen

- 3 Knoblauchzehen
- 300 g etwa gleich große Salatkartoffeln
- 1 Lorbeerblatt
- Salz
- 150 g All i Oli (Knoblauchsauce)

Wilde Kartoffeln (Bild rechts, oben) und Kartoffeln mit Knoblauchsauce (Bild rechts, unten) sind köstliche Imbisssalate ganz nach Mallorca-Art.

1. Die Knoblauchzehen abziehen. Die Kartoffeln waschen, in dicke Scheiben von möglichst gleicher Größe schneiden und in etwa 20 Minuten mit Knoblauch, Lorbeerblatt und Salz gar kochen. Das Wasser abgießen und die Kartoffeln schälen.

2. Die Kartoffelscheiben auf einer Platte anrichten und mit All i Oli bestreichen. Vor dem Servieren noch 30 Minuten im Kühlschrank durchziehen lassen.

Vorbereitungszeit:
ca. 35 Minuten
Kühlzeit: 30 Minuten

Serviertipp
Dieses köstliche Kartoffelgericht am besten mit Weißwein oder einem Cava brut servieren.

 Klassiker

Sardinen Fischerart
Sardinas Portixol

Für 4 Portionen

- 16 Sardinen
- 5 EL Olivenöl
- Salz
- Mehl zum Panieren
- 3–4 Tomaten
- 1 Knoblauchzehe
- 8 Scheiben Baguette

1. Die Sardinen putzen, ausnehmen und den Kopf entfernen. Die Fische innen und außen waschen und trockentupfen.

2. Das Olivenöl in einer großen Pfanne erhitzen. Die Sardinen salzen, in Mehl wenden und im heißen Öl auf beiden Seiten goldbraun braten.

3. In der Zwischenzeit die Tomaten waschen, vom Stielansatz befreien und in 16 Scheiben schneiden. Auf einer Platte anrichten und mit Salz bestreuen. Die Sardinen aus dem Öl heben, kurz auf Küchenpapier abtropfen lassen und jeweils 1 Sardine auf jede Tomatenscheibe legen.

4. Die Knoblauchzehe abziehen und zum Sardinenbratöl geben. Die Baguettescheiben auf beiden Seiten darin knusprig braten.

5. Die Sardinen Fischerart auf der Platte servieren und das Brot dazu reichen.

Zubereitungszeit:
ca. 30 Minuten

Serviertipp
Zu den knusprigen Sardinen Fischerart bietet sich ein Weißwein oder auch ein Rosé, z. B. ein Rosado Crianza, an.

Info

Als Sardinen werden Fische bis zu einer Größe von 14 cm bezeichnet. Größere Exemplare sind in Deutschland unter dem Namen Pilchards bekannt. Leider wird die Sardine in Deutschland selten als Frischfisch verwendet. Ihre Bekanntheit als Ölsardine hat ihren Ruf etwas geschädigt. Auf Mallorca ist das anders. Der preisgünstige Fisch mit seinem würzigen und relativ fettreichem Fleisch eignet sich ausgezeichnet zum Grillen, Braten und Frittieren.

Gelingt leicht

Miesmuscheln in Knoblauchsauce
Mejillones All i Oli

Für 4 Portionen

- 1–1,5 kg Miesmuscheln
  (24 Stück pro Person)
- 2 Knoblauchzehen
- 1 Chilischote
- 10 Pfefferkörner
- Salz
- 125 ml Weißwein
- 100 g All i Oli
  (Knoblauchsauce)

1. Die Muscheln unter fließendem Wasser gründlich abbürsten oder mit einem Messerrücken sauber schaben, geöffnete Exemplare dabei aussortieren. Die Knoblauchzehen abziehen und halbieren.

2. Muscheln, Knoblauch, Chilischote, Pfefferkörner, Salz und Weißwein in einen Topf geben und mit Wasser auffüllen, so dass die Muscheln bedeckt sind. Aufkochen und 5 Minuten bei starker Hitze garen, dabei den Topf mehrmals hin und her rütteln. Die Muscheln in ein Sieb gießen. Noch geschlossene Exemplare wegwerfen. Die Brühe kann aufgefangen und für andere Zwecke, z. B. eine Fischsuppe, aufbewahrt werden.

3. Die leere Hälfte der Muschelschalen entfernen und das Muschelfleisch mit etwas Knoblauchsauce bestreichen. Auf einer Platte anrichten oder auf vier Teller verteilen und sofort servieren.

Zubereitungszeit:
ca. 30 Minuten

Variante
Anstatt mit All i Oli können Sie die Muscheln auch mit einer Knoblauchmayonnaise, die mit 1 Prise Safran, ½ Teelöffel Gelbwurz und 1 Esslöffel Zitronensaft verrührt wurde, bestreichen.

Serviertipp
Reichen Sie dazu ein grobporiges Weißbrot, das leicht angeröstet ist, sowie einen leichten Weißwein.

Tipp
Muscheln sollten immer möglichst frisch verarbeitet werden. Wenn Sie sie doch einmal lagern wollen, geben Sie sie in einen Behälter, bedecken sie mit einem feuchten Tuch und beschweren sie mit einem Gewicht. So vermeiden Sie, dass sich noch frische Muscheln vorzeitig öffnen.

 **Rustikal**

Brotzeit im Mallorcastil
Pa Amb Oli

Für 4 Portionen

- 4 große Scheiben
  Bauernweißbrot
- 1 Knoblauchzehe
- Olivenöl zum Beträufeln
- 2 Safttomaten
- 2 feste Tomaten
- Salz
- 1 hellgrüne Spitzpaprika
- 4 Scheiben Serrano-
  oder Parmaschinken
- 100 g Oliven,
  grün und schwarz
- 50 g Kapern

1. Die Brotscheiben in einer Pfanne oder unter einem Grill rösten. Den Knoblauch abziehen und halbieren. Die Brotscheiben damit einreiben und mit etwas Olivenöl beträufeln.

2. Die Safttomaten waschen, halbieren und auf die Brotscheiben streichen. Die festen Tomaten waschen, vom Stielansatz befreien und in Scheiben schneiden. Auf die Brotscheiben legen und mit Salz bestreuen.

3. Die Paprika waschen, längs vierteln und von Stielansatz, weißen Zwischenwänden und Kernen befreien. Jeweils 1 Brotscheibe mit 1 Paprikaviertel und 1 Scheibe Schinken belegen und mit Oliven und Kapern garnieren. Auf einem großen Teller servieren.

Zubereitungszeit:
ca. 20 Minuten

Serviertipp
Zu diesem Imbiss passt am besten ein kräftiger mallorquinischer Landwein. Da er meist zum baldigen Verbrauch bestimmt ist, gelangt er allerdings selten in den Export. Sollten Sie daher keinen bekommen, behelfen Sie sich mit einem spanischen Landwein.

Info
Zu dieser klassischen mallorquinischen Brotzeit gehören natürlich Oliven. Einige der Olivenbäume Mallorcas sollen noch aus der Römerzeit stammen. Die ersten grünen Oliven werden im September geerntet und in Salzlake mit Fenchel, Zitronenschale und Pfefferschoten eingelegt. Im November folgen die schwarzen Oliven, die mit Lorbeer und Zitronenschale oder Knoblauch mariniert werden.

Sonnengereifte Tomaten machen die Brotzeit im Mallorca-Stil (Bild rechts) zu einem krossen und dennoch saftigen Snack.

 Traditionell

Knoblauchmayonnaise nach Hausfrauenart
All i Oli Casero

Für 6 bis 8 Portionen

- 500 g Kartoffeln
- Salz
- 8 Knoblauchzehen
- 2 Eigelbe
- 5 EL Olivenöl
- 1 TL Zitronensaft
- 8 Scheiben Weiß- oder Toastbrot

1. Die Kartoffeln schälen, vierteln und in leicht gesalzenem Wasser weich kochen. In einem Sieb abgießen und die Kartoffeln noch heiß zu Brei zerstampfen oder durch eine Kartoffelpresse drücken.

2. Die Knoblauchzehen abziehen und in einem Mörser mit etwas Salz zerreiben oder in eine Küchenmaschine geben und pürieren.

3. Den Knoblauch mit den Eigelben verschlagen und das Olivenöl unter ständigem Rühren in feinem Strahl langsam zugeben, so dass sich die Zutaten verbinden und eine glatte Mayonnaise entsteht.

4. Die All i Oli unter den Kartoffelbrei heben und mit Salz und Zitronensaft würzen.

5. Die Brotscheiben in einer Pfanne auf beiden Seiten rösten oder toasten und mit der Paste bestreichen. Auf einer Platte anrichten und servieren.

Zubereitungszeit:
ca. 45 Minuten

Serviertipp
Zu diesen Broten schmeckt ein trockener, aber kräftiger Weißwein ausgezeichnet.

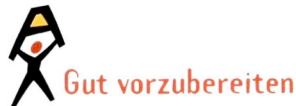
Gut vorzubereiten

Matrosenbrötchen
Panecitos Marineros

Für 4 Portionen

- 2 Tomaten
- 1 Knoblauchzehe
- 1 kleine Chilischote oder Cayennepfeffer
- 1 hart gekochtes Ei
- 150 g gekochte und geschälte Garnelen-schwänze
- 10 mit Anchovis gefüllte Oliven
- 100 g gekochtes Muschelfleisch
- 8 Basilikumblätter
- 1 EL Olivenöl
- Salz
- 8 Scheiben Weißbrot

1. Die Tomaten an der Unter-seite kreuzweise einschnei-den, mit kochendem Wasser kurz überbrühen, abschre-cken, häuten, vierteln und entkernen. Die Knoblauch-zehe abziehen. Die Chili-schote waschen, halbieren und entkernen. Das Ei pellen und vierteln.

2. Sämtliche Zutaten bis auf das Brot in eine Küchenma-schine geben und ½ Minute pürieren.

3. Die Brotscheiben in einer Pfanne anrösten oder toasten und mit der Paste bestrei-chen. Die Matrosenbrötchen auf einer Platte anrichten und servieren.

Zubereitungszeit:
ca. 20 Minuten

Serviertipp
Dazu einen gut gekühlten Rosé, z. B. einen mallorqui-nischen Callet Rosado, reichen.

Geht schnell

Fischerbrötchen
Panecitos Pescador

Für 4 Portionen

- 300 g Ölsardinen aus der Dose, ohne Haut und Gräten
- 1 Schalotte
- 5 schwarze Oliven
- 1 EL All i Oli (Knoblauchsauce)
- 10 Kapern
- 1 Msp. Paprikapulver rosenscharf
- 8 Scheiben Weißbrot
- 1 Knoblauchzehe

1. Die Ölsardinen abtropfen lassen. Die Schalotte abzie-hen und klein schneiden. Die Oliven entsteinen.

2. Sämtliche Zutaten bis auf das Brot und den Knoblauch in eine Küchenmaschine ge-ben und ½ Minute pürieren.

3. Die Brotscheiben in einer Pfanne anrösten oder toasten. Die Knoblauchzehe abziehen, halbieren und die Brotschei-ben damit einreiben. Die Brote mit der Sardinenpaste bestreichen. Auf einer Platte anrichten und servieren.

Zubereitungszeit:
ca. 20 Minuten

Serviertipp
Ein junger Rotwein, z. B. ein Viña Eguia aus der Rioja, passt gut zu den Panecitos.

Geht schnell

Hummerkrabben mit frischem Knoblauch
Langostinos con Ajo Fresco

Für 4 Portionen

- 500 g Hummerkrabben
- 1 frische Knoblauchzehe
- 2 Chilischoten
- 3 EL Olivenöl
- Salz
- frisch gemahlener Pfeffer
- ½ Bund Petersilie

Nicht nur für Fischliebhaber: Hummerkrabben mit Knoblauch (Bild rechts, oben) und mit Thunfisch gefüllte Kirschtomaten (Bild rechts, unten).

1. Die Hummerkrabben schälen, am Rücken einschneiden, vom Darmfaden befreien, waschen und trockentupfen. Die Knoblauchzehe abziehen und fein würfeln. Die Chilischoten waschen, halbieren, entkernen und hacken.

2. Das Olivenöl erhitzen, Hummerkrabben, Knoblauch und Chilischoten dazugeben und bei starker Hitze 2 Minuten braten. Mit Salz und Pfeffer würzen.

3. Die Petersilie waschen, trockentupfen, die Blättchen abzupfen und hacken. Die Hummerkrabben auf vier Teller verteilen, das Bratöl darüber gießen und mit der gehackten Petersilie bestreut servieren.

Zubereitungszeit:
ca. 20 Minuten

Serviertipp
Dazu passt z. B. ein Cabernet Sauvignon aus dem Penedès.

Preiswert

Gefüllte Kirschtomaten
Tomatillos Rellenos

Für 4 Portionen

- 16 Kirschtomaten
- 50 g Thunfisch aus der Dose
- 1 TL Olivenöl
- 1 gekochtes Eigelb
- 1 Prise Salz

1. Die Tomaten waschen, halbieren und mit einem kleinen Löffel aushöhlen. Das herausgelöste Fruchtfleisch hacken.

2. Den Thunfisch abtropfen lassen. Mit dem gehackten Fruchtfleisch, Olivenöl und Eigelb in eine Schüssel geben, mit einer Gabel zerdrücken und zu einer Paste verrühren. Die Paste mit Salz würzen.

3. Die Tomatenhälften mit der Thunfischpaste füllen und auf einer Platte anrichten oder auf vier Teller verteilen.

Zubereitungszeit:
ca. 20 Minuten

Serviertipp
Ein junger Rosé passt sehr gut zu diesen gefüllten Kirschtomaten.

Preiswert

Gefüllte Eier
Huevos Rellenos

Für 4 Portionen

- 1 kleine Tomate
- 4 hart gekochte Eier
- 1 kleine Dose Thunfisch in Wasser
- 2 TL Mayonnaise
- 1 TL Olivenöl
- Salz
- 4 mit Paprika gefüllte Oliven
- 16 Kapern

1. Die Tomate an der Unterseite kreuzweise einschneiden, mit kochendem Wasser kurz überbrühen, abschrecken und häuten. Das Fruchtfleisch vierteln, entkernen und hacken.

2. Die Eier pellen, längs halbieren und das Eigelb herausnehmen. Den Thunfisch abtropfen lassen und zerkleinern. Eigelbe, Thunfisch, Tomatenwürfel und Mayonnaise zu einer Paste verarbeiten und mit Salz würzen. Die Eier mit der Paste füllen.

3. Die Oliven längs halbieren. Jeweils 2 Eihälften auf einem Teller anrichten und mit Kapern und Olivenhälften garnieren.

Zubereitungszeit: ca. 25 Minuten

Serviertipp
Reichen Sie dazu einen leichten, jungen Alavesa-Rotwein.

Gelingt leicht

Geröstete Mandeln
Almendras Tostadas

Für 4 Portionen

- 500 g geschälte Mandeln
- 1 Zweig Rosmarin
- 1 TL Salz
- 1 TL Olivenöl

1. Den Backofen auf 200 °C (Gas Stufe 3–4, Umluft 180 °C) vorheizen.

2. Die Rosmarinnadeln abzupfen und mit den geschälten Mandeln vermischen. Die Mandel-Rosmarin-Mischung mit Salz bestreuen und mit Olivenöl beträufeln. Die Mischung in eine Auflaufform füllen, glatt streichen und im heißen Ofen in 15 bis 20 Minuten goldbraun rösten.

3. Die gerösteten Mandeln auf vier Teller verteilen oder in eine Schale geben und noch warm oder abgekühlt servieren.

Vorbereitungszeit: ca. 5 Minuten
Backzeit: ca. 20 Minuten

Serviertipp
Einfach ein Glas Sherry Fino dazu kredenzen, der den nussigen Geschmack abrundet.

 **Gut vorzubereiten**

Ibiza-Aufstrich
Pasta Ibizenca

Für 4 Portionen

- 1 große Tomate
- 1 grüne Spitzpaprika
- ½ rote Spitzpaprika
- 1 Knoblauchzehe
- 1 Frühlingszwiebel
- 1 Dose Ölsardinen
- 10 mit Anchovis gefüllte Oliven
- 2 EL Olivenöl
- Salz
- 8 Scheiben Weißbrot

1. Die Tomate an der Unterseite kreuzweise einschneiden, mit kochendem Wasser kurz überbrühen, abschrecken und häuten. Das Fruchtfleisch vierteln, entkernen und in Würfel schneiden.

2. Die Paprika waschen, halbieren, von Stielansatz, weißen Zwischenwänden und Kernen befreien und würfeln.

3. Die Knoblauchzehe abziehen und fein würfeln. Die Frühlingszwiebel waschen, putzen und in kleine Stücke schneiden.

4. Die Ölsardinen abtropfen lassen.

5. Sämtliche Zutaten bis auf das Weißbrot in eine Küchenmaschine geben und in 1 Minute zu einer sämigen Paste pürieren.

6. Die Brotscheiben in einer Pfanne auf beiden Seiten rösten oder toasten und mit der Paste bestreichen. Auf einer Platte anrichten und servieren.

Zubereitungszeit:
ca. 15 Minuten

Serviertipp
Servieren Sie die Brötchen mit einem jungen, fruchtigen Rotwein.

Info

Die länglichen Spitzpaprika sind in Deutschland nicht ganz so verbreitet wie die normalen Gemüsepaprika, aber bei allen Gemüsehändlern der Mittelmeerländer erhältlich. Neben der schlanken, spitzen Form unterscheiden sie sich dadurch, dass sie dünnwandiger sind. Vor allem aber ihr milderer Geschmack macht ihre Verwendung in diesem Rezept notwendig.

 Geht schnell

Pikante Kichererbsen
Garbanzos Picantes

Für 4 Portionen

- 200 g Kichererbsen aus der Dose
- 50 g gekochter Schinken
- 3 EL Tomatensauce
- 1 EL Olivenöl
- 6 cl Sherry Fino
- ½ TL Majoran
- Salz
- frisch gemahlener Pfeffer
- Cayennepfeffer

1. Die Kichererbsen abtropfen lassen. Den Schinken in feine Streifen schneiden.

2. Die Kichererbsen mit Schinken, Tomatensauce, Olivenöl und Sherry in einen Topf geben und mit Majoran, Salz und Pfeffer würzen. Aufkochen und zugedeckt bei schwacher Hitze 5 Minuten garen. Mit Cayennepfeffer abschmecken.

3. Die warmen Kichererbsen auf vier Teller oder kleine Schalen verteilen und sofort servieren.

Zubereitungszeit:
ca. 20 Minuten

Serviertipp
Dieses Gericht am besten mit einem kräftigen Bauernbrot und einem mittelschweren Rosé servieren.

 Vegetarisch

Pilze mit Knoblauch und Tomaten
Setas Ajitomate

Für 4 Portionen

- 500 g Pilze (Champignons, Pfifferlinge und Austernpilze)
- 200 g Kirschtomaten
- 1 Knoblauchzehe
- 2 EL Olivenöl
- 1 TL gerebelter Majoran
- 2 EL trockener Weißwein
- Salz
- frisch gemahlener Pfeffer

Majoran und Wein würzen die feinen Pilze mit Knoblauch und Tomaten (Bild rechts).

1. Die Pilze putzen, eventuell waschen und trockentupfen. Champignons und Pfifferlinge halbieren, die Austernpilze in Streifen schneiden. Die Kirschtomaten waschen und halbieren. Die Knoblauchzehe abziehen und fein würfeln.

2. Das Olivenöl erhitzen, die Pilze dazugeben und 2 Minuten braten, dabei ab und zu umrühren. Tomaten, Knoblauch und Majoran hinzufügen und alles 2 Minuten bei schwacher Hitze garen. Mit Wein ablöschen, mit Salz und Pfeffer würzen und zugedeckt noch 1 Minute kochen.

3. Die Pilze auf vier Teller verteilen und noch heiß servieren.

Zubereitungszeit:
ca. 20 Minuten

Serviertipp
Zu den Pilzen Knoblauchbrot und einen jungen Rotwein reichen.

Gelingt leicht

Baguette mit Schweinelendchen
Don Pepito's

Für 4 Portionen

- 250 g Schweinelende
- 1 Baguette
- 2 EL Olivenöl
- 1 Knoblauchzehe
- Salz
- frisch gemahlener Pfeffer
- 2 Tomaten

1. Die Schweinelende von Fett und Häuten befreien, in 4 Scheiben schneiden und etwas flach klopfen.

2. Das Baguette in 4 Stücke von etwa 15 cm Länge schneiden und längs halbieren. Das Olivenöl in einer Pfanne erhitzen oder einen Grill damit bestreichen und die Baguettestücke auf der Innenseite anrösten. Die Knoblauchzehe abziehen, halbieren und das Baguette damit einreiben.

3. Die Schweinelendenscheiben in der Pfanne unter einmaligem Wenden 4 Minuten bei mittlerer Hitze braten oder grillen. Mit Salz und Pfeffer würzen.

4. Die Tomaten waschen, vom Stielansatz befreien und in Scheiben schneiden. Die unteren Hälften der Baguettestücke erst mit 1 Scheibe Schweinelende belegen, die Tomatenscheiben darauf verteilen und mit etwas Salz bestreuen. Die oberen Baguettehälften darauf setzen, leicht zusammendrücken und mit einer Papierserviette umhüllt servieren.

Zubereitungszeit:
ca. 25 Minuten

Variante
Aus einem einfachen belegten Brötchen wird eine Delikatesse, wenn Sie anstatt der Schweinelendenscheiben Wachtelbrüstchen verwenden. Dazu pro Portion 2 Wachtelbrüstchen wie im Rezept beschrieben braten und jeweils mit 1 Scheibe Serranoschinken auf das Baguette legen.

Serviertipp
Dazu passt am besten ein Sherry Amontillado.

Klassiker

Kaninchen in Thymian-Escabeche
Conejo en Escabeche de Tomillo

Für 4 Portionen

- 1 Kaninchen, ca. 700 g
- Salz
- weißer Pfeffer
- 5 EL Olivenöl
- 1 Zwiebel
- 2 Knoblauchzehen
- 1 Lorbeerblatt
- 1 Zweig Thymian
- 2 EL Weißweinessig

1. Das Kaninchen säubern, von Häuten befreien und in 12 Stücke zerteilen. Mit Salz und weißem Pfeffer einreiben.

2. Das Olivenöl erhitzen und die Kaninchenteile darin bei mittlerer Hitze von allen Seiten goldbraun anbraten.

3. Die Zwiebel abziehen und würfeln. Die Knoblauchzehen abziehen und halbieren. Beides zum Kaninchen geben und in 5 Minuten glasig braten. Lorbeerblatt und Thymianzweig hinzufügen. Mit Salz würzen, mit Essig ablöschen und mit 500 Milliliter Wasser aufgießen. Alles aufkochen und zugedeckt bei schwacher Hitze 5 Minuten garen.

4. Kaninchenstücke, Zwiebeln und Knoblauch auf vier Teller verteilen, mit dem Kochsud übergießen und noch heiß servieren.

Zubereitungszeit:
ca. 30 Minuten

Serviertipp
Ein Rosé oder ein junger Weißwein aus der Viura-Traube aus der Rioja passt gut.

Kalte Tapas und Salate

Die hier versammelten Tapas sind zwar meist etwas aufwendiger in der Zubereitung, lassen sich dafür aber gut vorbereiten und stehen Ihnen dann – sowie sich Ihr Appetit meldet – zur Verfügung.

 Traditionell

Muscheln und Fisch
Cebiche

Für 4 Portionen

- 500 g Miesmuscheln
- 3 EL Olivenöl
- 100 g Seeteufel
  (oder anderer Fisch
  mit festem Fleisch)
- 50 g Fenchel
- 1 kleine Möhre
- 1 hellgrüne Spitzpaprika
- 1 kleine weiße Zwiebel
- 1 Stängel Petersilie
- 100 g gekochte und
  geschälte Garnelen-
  schwänze, Langostinos
  oder Scampi
- Saft von einer Limette
- Salz
- weißer Pfeffer

1. Die Muscheln unter fließendem Wasser gründlich abbürsten oder mit einem Messerrücken sauber schaben, geöffnete Exemplare dabei aussortieren. 2 Esslöffel Olivenöl in einem Topf erhitzen, die Muscheln zugeben, mit 200 Milliliter Wasser aufgießen und die Muscheln bei starker Hitze zugedeckt 5 Minuten dämpfen, bis sich die Schalen geöffnet haben. Dabei den Topf mehrmals kräftig schütteln. Die Muscheln abgießen und das Fleisch aus den Schalen lösen. Geschlossene Muscheln wegwerfen.

2. Den Seeteufel in 2 cm große Würfel schneiden und die Fischwürfel 1 Minute blanchieren. Auf Küchenpapier abtropfen und abkühlen lassen.

3. Den Fenchel waschen, von Strunk und Kraut befreien und in feine Streifen schneiden. Die Möhre schälen und erst längs in Scheiben, dann ebenfalls in dünne Streifen schneiden. Die Paprika waschen, halbieren, von Stielansatz, weißen Zwischenwänden und Kernen befreien. Die Paprikahälften hacken. Die Zwiebel abziehen und fein

würfeln. Petersilie waschen, trockentupfen, die Blättchen abzupfen und fein hacken.

4. Sämtliche vorbereitete Zutaten mit den Garnelenschwänzen in einer Porzellanschüssel vermischen. Das restliche Olivenöl mit dem Limettensaft und 2 Esslöffeln Wasser zu einer Salatsauce verrühren, zu den Meeresfrüchten geben und mit Salz und Pfeffer würzen. Zugedeckt mindestens 1 Stunde im Kühlschrank ziehen lassen.

5. Den Salat vor dem Servieren nochmals durchrühren und auf vier Tapateller verteilen.

Vorbereitungszeit:
ca. 40 Minuten
Marinierzeit:
ca. 1 Stunde

Serviertipp
Mit einem Weißwein aus Mallorca, z. B. einem Prenesal Blanco, schmeckt dieser Salat noch besser.

Ein echter Inselgruß ist der köstliche Muschel-Fisch-Salat Cebiche (Bild Seite 32/33).

 Raffiniert

Meeresfrüchtesalat
Mariscada

Für 4 Portionen

- 100 g Seeteufel
- 5 EL Olivenöl
- 150 g Sepia
- 2 kleine Fleischtomaten
- 1 grüne Spitzpaprika
- 3 Knoblauchzehen
- ½ Bund Petersilie
- 150 g gekochte und geschälte Scampi
- Salz
- frisch gemahlener Pfeffer

1. Den Seeteufel in 2 cm große Würfel schneiden. 2 Esslöffel Olivenöl erhitzen und die Fischwürfel darin 5 Minuten bei mittlerer Hitze unter Rühren garen. Auf Küchenpapier abtropfen und abkühlen lassen.

2. Den Kopf und die Tentakel der Sepia aus dem Körper ziehen, die Innereien und das plastikartige Rückgrat entfernen. Den Körper innen ausspülen und die äußere Haut unter fließendem kaltem Wasser abrubbeln. Den Körper in Streifen schneiden. 1 Liter Wasser aufkochen und die Sepiastreifen darin 10 Minuten garen. Abgießen und abtropfen lassen.

3. Die Tomaten an der Unterseite kreuzweise einschneiden, mit kochendem Wasser kurz überbrühen, abschrecken und häuten. Das Fruchtfleisch vierteln, entkernen und in Würfel schneiden.

4. Die Paprika waschen, halbieren, von Stielansatz, weißen Zwischenwänden und Kernen befreien und in Würfel schneiden. Die Knoblauchzehen abziehen und fein würfeln. Die Petersilie waschen, trockentupfen, die Blättchen abzupfen und hacken.

5. Die vorbereiteten Zutaten mit den Scampi in eine Ton- oder Porzellanschüssel geben, das restliche Olivenöl darüber träufeln, alles mit Salz und Pfeffer würzen und gut durchmischen. 30 Minuten im Kühlschrank ziehen lassen.

6. Den Meeresfrüchtesalat aus dem Kühlschrank nehmen und vor dem Servieren nochmals gründlich durchrühren. In der Schüssel servieren oder auf vier Teller verteilen.

Vorbereitungszeit:
ca. 40 Minuten
Marinierzeit:
30 Minuten

Serviertipp
Genießen Sie die Meeresfrüchte mit einem Glas Sherry Manzanilla.

 Originell

Reissalat Fischerart
Ensalada Marinera de Arroz

Für 4 Portionen

- 250 g Kalmare
- 1 große feste Tomate
- 1 Möhre
- 100 g grüne Bohnen
- 3 Frühlingszwiebeln
- 100 g mit Anchovis gefüllte Oliven
- 100 g Erbsen aus der Dose
- 1 Knoblauchzehe
- 1 Bund Petersilie
- ½ Bund Basilikum
- etwas Fenchelkraut
- 1 Chilischote
- 150 g gekochte und geschälte Garnelenschwänze
- 2 EL Olivenöl
- Saft von 1 Zitrone
- Salz
- frisch gemahlener Pfeffer
- 200 g Rundkornreis

1. Kopf und Tentakel der Kalmare aus den Körpertuben herausziehen, die Innereien und das plastikartige Rückgrat entfernen. Die Tuben innen ausspülen und die äußere Haut unter fließendem, kaltem Wasser abrubbeln. Die Tuben in Ringe schneiden, in einem Topf knapp mit Wasser bedecken und in etwa 15 Minuten weich kochen.

2. Die Tomate an der Unterseite kreuzweise einschneiden, mit kochendem Wasser kurz überbrühen, abschrecken und häuten. Das Fruchtfleisch vierteln, entkernen und in Würfel schneiden. Die Möhre schälen, weich kochen und in Scheiben schneiden. Die Bohnen putzen, blanchieren und in Stücke schneiden.

3. Frühlingszwiebeln putzen und hacken. Oliven in Scheiben schneiden. Die Erbsen abtropfen lassen. Die Knoblauchzehe abziehen und fein würfeln. Petersilie, Basilikum und Fenchelkraut waschen, trockentupfen, die Blättchen abzupfen und hacken.

4. Die Chilischote waschen, halbieren, entkernen und eine Ton- oder Porzellanschüssel damit ausreiben. Sämtliche vorbereiteten Zutaten mit den Garnelenschwänzen in die Schüssel geben und vermischen. Das Olivenöl mit dem Zitronensaft verrühren, mit Salz und Pfeffer würzen und unter die Salatzutaten mischen. Zugedeckt im Kühlschrank 1 Stunde durchziehen lassen.

5. In der Zwischenzeit den Reis in Salzwasser bissfest kochen, abgießen, abschrecken und abtropfen lassen.

6. Nach 1 Stunde den Reis unter den Salat heben und den Reissalat in der Schüssel servieren.

Vorbereitungszeit:
ca. 45 Minuten
Marinierzeit:
1 Stunde

Serviertipp
Dazu einen trockenen, leichten Weißwein, der gut gekühlt ist, reichen.

Seine raffinierte Würze macht den Reissalat Fischerart (Bild rechts) zu einem kulinarischen Höhepunkt.

Preiswert

Makrele in Escabeche
Caballa en Escabeche de Mejorana

Für 4 Portionen

- 1 kg Makrele (ohne Kopf)
- Salz
- 1 mittelgroße Zwiebel
- 5 Knoblauchzehen
- 1 Stängel Majoran
- 6 EL Olivenöl
- Mehl zum Panieren
- 10 Pfefferkörner
- ½ TL Paprikapulver edelsüß
- 4 EL Weißweinessig
- 3 Lorbeerblätter

1. Die Makrele waschen, trockentupfen, in 5 cm breite Streifen schneiden und mit Salz bestreuen.

2. Die Zwiebel abziehen und in feine Streifen schneiden. Die Knoblauchzehen abziehen und halbieren. Den Majoran waschen und trockentupfen.

3. Das Olivenöl in einer tiefen Pfanne erhitzen. Die Makrelenstücke im Mehl wenden, im heißen Öl auf beiden Seiten in etwa 5 Minuten goldgelb braten, herausnehmen und auf Küchenpapier abtropfen lassen.

4. Etwas Öl abgießen und Zwiebelstreifen, Knoblauchhälften und Pfefferkörner in der Pfanne bei schwacher Hitze braten, bis die Zwiebeln glasig sind. Das Paprikapulver einrühren. Mit Essig und 250 Milliliter Wasser aufgießen, Lorbeerblätter und Majoranstängel zugeben, mit Salz würzen und zugedeckt 3 Minuten kochen. Vom Herd nehmen und 30 Minuten abkühlen lassen.

5. Die Fischstücke nebeneinander in eine Ton- oder Porzellanschüssel legen und mit dem Sud begießen. Zugedeckt an einem kühlen Ort 24 Stunden marinieren.

6. Die Makrelenstücke aus dem Sud heben und auf vier Teller verteilen.

Vorbereitungszeit:
ca. 30 Minuten
Abkühlzeit: 30 Minuten
Marinierzeit: 24 Stunden

Serviertipp
Dazu passt ein leichter, frischer Rosé, z. B. ein Rosado de Navarra.

Info

Unter den Atlantischen Makrelen gilt die Spanische Makrele aus kulinarischer Sicht als die beste. In Fachkreisen ist sie unter dem Namen Thazard bekannt. Makrelen eignen sich für alle Zubereitungsarten, besonders aber für das Grillen und Frittieren, da ihr Fleisch wegen des hohen Fettgehalts von 12 Prozent nicht so schnell trocken wird.

Rustikal

Miesmuscheln in Weißweinessig
Mejillones en Vinagreta

Für 4 Portionen

- 1,5 kg Miesmuscheln
- 4 EL Olivenöl
- 1 grüne Spitzpaprika
- 1 Knoblauchzehe
- ½ Bund Petersilie
- Salz
- weißer Pfeffer
- 1 EL Weißweinessig

1. Die Muscheln unter fließendem Wasser gründlich abbürsten oder mit einem Messerrücken sauber schaben, geöffnete Exemplare dabei aussortieren. 2 Esslöffel Olivenöl in einem Topf erhitzen, die Muscheln zugeben, mit 200 Milliliter Wasser aufgießen und die Muscheln bei starker Hitze zugedeckt 7 Minuten dämpfen, bis sich die Schalen geöffnet haben. Dabei den Topf mehrmals kräftig schütteln. Die Muscheln abgießen und das Fleisch aus den Schalen lösen. Nicht geöffnete Exemplare wegwerfen.

2. Die Paprika waschen, halbieren, von Stielansatz, weißen Zwischenwänden und Kernen befreien und in kleine Würfel schneiden. Die Knoblauchzehe abziehen und fein würfeln. Die Petersilie waschen, trockentupfen, die Blättchen abzupfen und hacken.

3. Muschelfleisch, Paprika- und Knoblauchwürfel in einer Schüssel vermischen, mit Salz und Pfeffer würzen, mit gehackter Petersilie bestreuen und mit dem restlichen Olivenöl sowie dem Weißweinessig beträufeln. Umrühren und zugedeckt 1 Stunde im Kühlschrank ziehen lassen.

4. Vor dem Servieren den Muschelsalat nochmals durchrühren und in der Schüssel servieren oder auf vier Teller verteilen.

Vorbereitungszeit:
ca. 45 Minuten
Marinierzeit:
1 Stunde

Serviertipp
Reichen Sie dazu einen würzigen, herzhaften Weißwein, z. B. einen Chardonnay.

Klassiker

Garnelen und weiße Bohnen
Gambas y Judías

Für 4 Portionen

- 1 feste Tomate
- 1 kleine hellgrüne Spitzpaprika
- 1 Schalotte
- 150 g weiße Bohnen aus der Dose
- 1 Knoblauchzehe
- 200 g gekochte und geschälte Garnelenschwänze
- 1 EL Olivenöl
- 1 TL Weißweinessig
- ½ Bund Petersilie
- 1 TL Paprika rosenscharf
- Salz
- frisch gemahlener Pfeffer

1. Die Tomate waschen und den Stielansatz entfernen. Die Spitzpaprika waschen, halbieren, von Stielansatz, weißen Zwischenwänden und Kernen befreien. Beides in kleine Würfel schneiden. Die Schalotte abziehen und fein würfeln.

2. Die Bohnen in einem Sieb abtropfen lassen.

3. Die Knoblauchzehe abziehen, halbieren und eine Schüssel damit ausreiben. Tomate, Paprika, Schalotte, Bohnen und Garnelenschwänze hineingeben und alles vermischen.

4. Olivenöl und Weißweinessig miteinander verrühren. Die Petersilie waschen und trockentupfen. Die Blättchen abzupfen, hacken und zur Essig-Öl-Sauce geben. Mit Paprikapulver, Salz und Pfeffer würzen.

5. Das Dressing unter die Bohnen-Garnelen-Mischung ziehen und den Salat etwa 30 Minuten kühl stellen.

6. Vor dem Servieren den Salat nochmals durchrühren, eventuell mit Salz und Pfeffer abschmecken und auf vier Teller verteilen.

Vorbereitungszeit:
ca. 20 Minuten
Kühlzeit:
ca. 30 Minuten

Serviertipp
Das Gericht mit einem leichten Weißwein, z. B. aus dem Penedès, servieren.

Kühl serviert werden sollten die aromatischen Garnelen mit weißen Bohnen (Bild rechts).

 **Raffiniert**

Sardinen in Sherryessig
Sardinas en Escabeche

Für 4 Portionen

- 1 kg frische Sardinen
- 500 ml Sherryessig
- 3 Knoblauchzehen
- ½ Bund Petersilie
- 125 ml Olivenöl

1. Die Sardinen säubern und filetieren. Dazu den Kopf umknicken und abreißen. Die Fische am Bauch mit dem Daumennagel von oben nach unten aufschlitzen, aufklappen und in zwei Hälften teilen. Unter fließendem, kaltem Wasser waschen und trockentupfen.

2. Die Sardinenfilets in Längsrichtung auf eine ovale tiefe Anrichteplatte schichten und mit dem Essig begießen, bis sie vollkommen bedeckt sind. 6 Stunden zugedeckt im Kühlschrank marinieren.

3. Die Knoblauchzehen abziehen und fein würfeln. Die Petersilie waschen, trockentupfen, die Blättchen abzupfen und hacken.

4. Die Sardinen aus der Marinade nehmen, in Längsrichtung auf eine tiefe Platte legen, mit dem Olivenöl beträufeln und mit Knoblauch und Petersilie bestreuen. Auf der Platte servieren.

Vorbereitungszeit:
ca. 30 Minuten
Marinierzeit: 6 Stunden

Serviertipp
Dazu passt ein junger Weißwein.

> ## Info
>
> »Je besser der Wein, desto besser der Essig« lautet eine alte Grundregel bei der Essigherstellung. Also ist es nahe liegend, in Spanien auch Sherrywein für die Herstellung zu verwenden. Bei einer zweiten Gärung wandeln die Essigsäurebakterien den Wein in Essig um. Sherryessig reift wie Sherry in Eichenfässern. Die allerbesten Sorten reifen bis zu 30 Jahre in Eiche und nehmen dadurch ein kräftiges Aroma mit einer angenehm weichen Note an. Je älter ein Sherryessig ist, desto dunkler wird er – vom hellen Karamell bis hin zum dunklen Purpurrot.

Die feine Marinade macht die Sardinen in Sherryessig (Bild rechts, unten) zum Gedicht.

Geht schnell

Hummerkrabben in Basilikumvinaigrette
Langostinos en Vinagreta de Albahaca

Für 4 Portionen

- 1 Bund Basilikum
- Salz
- ½ TL weißer Pfeffer
- 1 EL Sherryessig
- 1 EL Olivenöl
- 400 g gekochte und geschälte Hummerkrabben oder Garnelenschwänze

1. Das Basilikum waschen, trockentupfen, die Blätter abzupfen und hacken.

2. In einer kleinen Schüssel Salz, Pfeffer und Essig mit einem Schneebesen verrühren. Das Olivenöl dazugeben und ½ Minute weiterrühren. Das gehackte Basilikum hinzufügen.

3. Die Hummerkrabben mit der Vinaigrette vermischen und auf vier Teller verteilen.

Zubereitungszeit:
ca. 15 Minuten

Serviertipp
Trinken Sie dazu einen eleganten Cava, z. B. einen Gran Juvé & Camps brut.

Vegetarisch

Schalotten in Escabeche
Escalonias en Escabeche

Für 4 Portionen

- 1 kg Schalotten
- 2 Knoblauchzehen
- 2 EL Olivenöl
- 2 EL Sonnenblumenöl
- 12 Pfefferkörner
- 2 Lorbeerblätter
- 2 Gewürznelken
- 1 Zweig Thymian
- 1 Stängel Oregano
- 2 EL Sherryessig
- Salz

Die Schalotten in Escabeche (Bild Seite 43, oben) schmecken pur oder auf geröstetem Brot.

1. Die Schalotten und die Knoblauchzehen abziehen. Die Knoblauchzehen längs halbieren.

2. Das Oliven- und das Sonnenblumenöl erhitzen, die Schalotten und den Knoblauch dazugeben und bei schwacher Hitze in etwa 5 Minuten glasig braten, dabei ab und zu umrühren. Pfefferkörner, Lorbeerblätter, Gewürznelken, Thymian und Oregano hinzufügen, mit Sherryessig und 250 Milliliter Wasser aufgießen, mit Salz würzen und zugedeckt 5 Minuten garen.

3. Die Schalotten in eine Schüssel geben und zugedeckt 24 Stunden an einem kühlen Ort ziehen lassen.

4. In der Schüssel bei Zimmertemperatur servieren oder auf vier Teller verteilen.

Vorbereitungszeit:
ca. 30 Minuten
Marinierzeit: 24 Stunden

Serviertipp
Mit Sherryessig harmoniert Sherry. Servieren Sie die Schalotten daher zu einem Sherry Fino.

Traditionell

Mallorquinischer Kartoffelsalat
Poti Poti

Für 4 Portionen

- 1 kg Salatkartoffeln
- 400 g Kabeljaufilet
- 3 EL Olivenöl
- 3 Tomaten
- 1 rote Paprika
- 1 rote oder weiße Zwiebel
- 100 g kleine schwarze Oliven
- Salz

1. Die Kartoffeln in der Schale in ausreichend Wasser weich kochen und etwas abkühlen lassen. Wenn man sie anfassen kann, schälen und in 1 cm dicke Scheiben schneiden.

2. Das Kabeljaufilet in Streifen schneiden. 1 Esslöffel Olivenöl erhitzen und die Fischstreifen darin bei mittlerer Hitze 1 Minute unter ständigem Rühren braten.

3. Die Tomaten waschen, vom Stielansatz befreien und in Scheiben schneiden. Die Paprika waschen, halbieren, von Stielansatz, weißen Zwischenwänden und Kernen befreien und in Streifen schneiden. Die Zwiebel abziehen, halbieren und ebenfalls in Streifen schneiden.

4. In einer ausreichend tiefen, aber flachen Porzellanschüssel schichtweise Kartoffeln, Fischstreifen, Tomatenscheiben, Zwiebel- und Paprikastreifen und die Oliven legen. Mit Salz bestreuen und mit dem restlichen Olivenöl beträufeln. Alles 30 Minuten im Kühlschrank durchziehen lassen.

5. Den Kartoffelsalat in der Schüssel und bei Zimmertemperatur servieren.

Vorbereitungszeit:
ca. 1 Stunde
Kühlzeit: 30 Minuten

Varianten
- Wenn Sie Ihren Salat etwas bunter und reichhaltiger mögen, können Sie noch Schichten mit weiteren Zutaten einfügen. 150 Gramm grüne Bohnen waschen, abfädeln, von den Enden befreien und die Bohnen in Salzwasser in etwa 10 Minuten bissfest kochen. 150 Gramm Möhren schälen, in Scheiben schneiden und 5 Minuten blanchieren. 1 Endivienherz waschen, putzen und in breite Streifen schneiden. 2 hart gekochte Eier pellen und in Scheiben schneiden.
- Die schwarzen Oliven können auch durch mit Anchovis oder Mandeln gefüllte grüne Oliven ersetzt werden.

Serviertipp
Genießen Sie dazu einen leichten, trockenen Weißwein, z. B. aus dem Penedès, und reichen Sie dazu Knoblauchbrot.

Rustikal

Kartoffelsalat mit Bohnen und Thunfisch
Ensaladilla

Für 4 Portionen

- 1 kg Salatkartoffeln
- 2 Möhren
- 150 g grüne Bohnen
- 1 Knoblauchzehe
- 150 g feine Erbsen aus der Dose
- 1 Dose spanischer Thunfisch in Öl
- 100 g feine Mayonnaise
- 2 EL Olivenöl
- 1 TL Weißweinessig
- 50 g schwarze Oliven
- 50 g Kapern
- Salz
- 2 hart gekochte Eier

1. Die Kartoffeln waschen, schälen und in kleine Würfel schneiden. Die Möhren schälen und ebenfalls würfeln. Die Bohnen waschen, abfädeln, von den Enden befreien und die Bohnen in Stücke in Größe der Würfel schneiden.

2. In einem Topf 3 Liter Salzwasser aufkochen. Erst Kartoffeln und Möhren zugeben, 2 Minuten später die Bohnen. In weiteren 5 Minuten das Gemüse bissfest garen, abgießen, abschrecken und abtropfen lassen.

3. Die Knoblauchzehe abziehen, halbieren und eine Ton- oder Porzellanschüssel damit ausreiben. Die Erbsen abtropfen lassen und mit dem blanchierten Gemüse in der Schüssel vermischen.

4. Den Thunfisch abtropfen lassen, zerbröckeln und unter das Gemüse heben.

5. Mayonnaise, Olivenöl und Essig zu einer sämigen Sauce verrühren. Oliven entsteinen, klein schneiden und mit den Kapern zugeben. Mit Salz würzen, mit dem Salat vermischen und 1 Stunde kühl stellen.

6. Den Gemüsesalat in eine dekorative Schale füllen. Die Eier pellen, in Scheiben schneiden und den Salat damit garnieren.

Vorbereitungszeit:
ca. 50 Minuten
Kühlzeit: 1 Stunde

Serviertipp
Dazu passt ein fruchtig-weicher Weißwein.

Zu den gehaltvolleren Tapas gehört der Kartoffelsalat mit Bohnen und Thunfisch (Bild rechts).

Info

Eine besondere spanische Thunfischspezialität ist die »Mojama«. Für sie wird hauptsächlich roter Thunfisch verwendet. Er wird filetiert, mit grobem Meersalz eingerieben und einige Tage gereift. Danach wird das Salz abgewaschen und der Fisch im frischen Meerwind getrocknet.

 Traditionell

Gefüllte Kalbsbrust
Fiambre de Ternera

Für 8 bis 10 Portionen

Für die Kalbsbrust
- 1 Knoblauchzehe
- 2 hart gekochte Eier
- 50 g Serranoschinken
- 50 g mit Paprika
  gefüllte Oliven
- ½ TL Majoran
- 2 kg Kalbsbrust
  ohne Knochen
- Salz
- frisch gemahlener Pfeffer
- 2 EL Olivenöl

Für die Brühe
- ½ Zwiebel
- 1 Knoblauchknolle
- 1 Möhre
- etwas Sellerie
- 1 Chilischote
- ½ Tomate
- 2 Lorbeerblätter
- ½ Bund Petersilie
- 1 Zweig Thymian
- 10 Pfefferkörner
- Salz
- 150 ml Weißwein

1. Die Knoblauchzehe abziehen und fein würfeln. Die Eier pellen und klein schneiden. Den Serranoschinken würfeln. Die Oliven in Scheiben schneiden. Die vorbereiteten Zutaten vermischen und mit dem Majoran würzen.

2. Die Kalbsbrust flach auf ein Arbeitsbrett legen, mit Salz und Pfeffer bestreuen und mit etwas Olivenöl einreiben. Die Füllung gleichmäßig darauf verteilen und das Fleisch zusammenrollen. Mit Küchengarn zu einer Rolle zusammenbinden.

3. Das restliche Olivenöl erhitzen und die Kalbsbrust bei starker Hitze von allen Seiten scharf anbraten.

4. Für die Brühe Zwiebel und Knoblauch abziehen und die Zwiebel grob zerkleinern. Die Möhre und den Sellerie schälen und in kleine Stücke schneiden.

5. Sämtliche Zutaten für die Brühe mit 2 Liter Wasser in einen Topf geben und aufkochen. Die Kalbsbrust hineinlegen und zugedeckt 60 bis 70 Minuten bei mittlerer Hitze garen. Das Fleisch herausnehmen, abkühlen lassen und bis zum Servieren im Kühlschrank aufbewahren.

6. Die Kalbsbrust vor dem Servieren in 1 cm dicke Scheiben schneiden und auf Teller verteilen.

Zubereitungszeit:
ca. 1 Stunde 35 Minuten

Serviertipp
Reichen Sie zu diesem raffinierten Gericht einen weißen Crianza.

Tipp

Falls Sie die Kalbsbrust mit Knochen erhalten haben, müssen Sie diese vorsichtig auslösen, um das Fleisch nicht zu durchschneiden. Dazu das Fleisch an der Vorderseite der Knochen etwas einschneiden und die Knochen von hinten herausschieben.

Stücke von Gefüllter Kalbsbrust (Bild rechts) verwöhnen Ihren Gaumen auf mediterrane Art.

 Originell

Huhn in Rosmarin-Escabeche
Pollo en Escabeche de Romero

Für 4 Portionen

- 1 Hähnchen, ca. 1 kg
- 1 Zwiebel
- 2 junge Möhren
- 6 Knoblauchzehen
- 4 EL Olivenöl
- 3 EL Weißweinessig
- 12 weiße Pfefferkörner
- 3 Lorbeerblätter
- 2 Zweige Rosmarin
- Salz
- weißer Pfeffer
- 1 Orange

1. Das Hähnchen innen und außen waschen, mit Küchenpapier trockentupfen und in 12 Stücke zerteilen.

2. Die Zwiebel abziehen, halbieren und in Scheiben schneiden. Die Möhren schälen und ebenfalls in Scheiben schneiden. Die Knoblauchzehen abziehen und längs halbieren.

3. Das Olivenöl erhitzen, die Hähnchenteile darin bei mittlerer Hitze von allen Seiten goldbraun anbraten und herausnehmen. Zwiebeln, Möhren und Knoblauch im Öl bei schwacher Hitze etwa 3 Minuten braten, bis die Zwiebeln glasig sind.

4. Essig, Pfefferkörner, Lorbeerblätter und Rosmarin zu den Zwiebeln geben, mit 250 Milliliter Wasser aufgießen, mit Salz und Pfeffer würzen und aufkochen. Die Hähnchenteile hinzufügen und zugedeckt bei mittlerer Hitze 10 Minuten garen, dabei zwei- bis dreimal umrühren.

5. Die Schale von der Orange schneiden, so dass auch die weiße Haut entfernt ist. Das Fruchtfleisch in Scheiben schneiden. Die Hähnchenteile mit den Würzzutaten in eine Schüssel füllen, mit den Orangenscheiben belegen und zugedeckt 24 Stunden ziehen lassen.

6. Zum Servieren das Gericht in einer flachen Form anrichten oder auf vier Teller verteilen.

Vorbereitungszeit:
ca. 40 Minuten
Marinierzeit:
24 Stunden

Serviertipp
Dazu passt ein nicht zu schwerer, fruchtiger Weißwein.

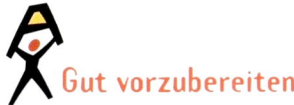 Gut vorzubereiten

Octopus Delfin
Pulpo Delfín

Für 4 Portionen

- 1 kg Octopus (Krake)
- Salz
- ½ weiße Zwiebel
- 1 Knoblauchzehe
- 3 Lorbeerblätter
- 1,25 l Weißwein
- 1 EL Fenchelkraut
- 4 EL Olivenöl
- Paprikapulver rosenscharf
- frisch gemahlener Pfeffer

1. Den Octopus säubern und waschen. In einem großen Topf 3 Liter Wasser mit ½ Esslöffel Salz aufkochen. Den Octopus in das kochende Wasser tauchen und wieder herausnehmen. Diesen Vorgang dreimal wiederholen. Den Octopus endgültig in das kochende Wasser geben.

2. Die Zwiebel und die Knoblauchzehe abziehen. Lorbeerblätter, Zwiebel, Knoblauch und Weißwein zum Octopus geben und diesen in etwa 1 Stunde weich kochen.

3. Den Octopus aus dem Wasser heben, etwas abkühlen lassen, bis man ihn anfassen kann, und die Saugnäpfe von den Tentakeln entfernen. Den gesamten Octopus in 5 mm dicke Scheiben schneiden und vollständig abkühlen lassen.

4. Das Fenchelkraut hacken, mit dem Olivenöl verrühren, mit Paprikapulver, Salz und Pfeffer würzen und unter den Octopus mischen.

5. Den Octopus kurz durchziehen lassen, auf vier Teller verteilen und servieren.

Vorbereitungszeit:
ca. 30 Minuten
Kochzeit:
ca. 1 Stunde

Serviertipp
Probieren Sie dazu einmal einen jungen Macabeo-Weißwein aus der Rioja.

Tipp

Beim Vorbereiten des Octopus dürfen Sie ihn nicht zu lange abkühlen lassen. Wenn er noch fast heiß ist, lassen sich die Saugnäpfe problemlos von den Tentakeln abziehen. Je mehr er abkühlt, desto schwieriger wird es.

Tapas aus Topf und Pfanne

Tapas sind auf Mallorca keinesfalls nur Beiwerk, das man mehr oder weniger so nebenher oder als Auftakt zu sich nimmt. Mallorquiner sehen in ihnen oft und gern die ersehnte Brotzeit am späten Vormittag, wenn das nachmittägliche Mittagessen noch in weiter Ferne liegt. In diesem Kapitel finden Sie daher kleine Gerichte, die durchaus als eigene Mahlzeit bestehen können.

Raffiniert

Garnelenspieße mit Datteln
Moritos

Für 4 Portionen

- 12 rohe Garnelenschwänze
- 1 Fenchelknolle
- 8 reife Datteln
- 8 kleine Austernpilze
- 12 Scheiben Serranoschinken
- 5 getrocknete grüne Pfefferkörner
- ½ getrocknete Chilischote
- 1 EL Olivenöl
- Salz

1. Die Garnelenschwänze schälen, am Rücken einschneiden, vom Darmfaden befreien, waschen und trockentupfen.

2. Die Fenchelknolle von Wurzelansatz und Kraut befreien, vierteln, den Strunk ausschneiden und die Knolle in Stücke zerteilen.

3. Die Datteln entsteinen. Die Austernpilze säubern. Die Schinkenscheiben einzeln aufrollen.

4. Garnelenschwänze, Schinkenröllchen, Fenchelstücke, Datteln und Austernpilze gleichmäßig und dekorativ auf vier Spieße verteilen.

5. Die Pfefferkörner und die Chilischote in einem Mörser zermahlen. Die Spieße mit Olivenöl beträufeln und mit den Gewürzen sowie Salz bestreuen.

6. Eine flache, gusseiserne Pfanne erhitzen. Die Spieße darin 2 Minuten bei mittlerer Hitze braten, wenden und 1 weitere Minute braten.

7. Die Spieße auf vier Teller verteilen und sofort servieren.

Zubereitungszeit:
ca. 30 Minuten

Serviertipp
Zu den Spießen Baguette und einen jungen, trockenen, gut gekühlten Weißwein oder trockenen Sherry reichen.

Info

Die Verwendung von Datteln in der mallorquinischen Küche geht auf den starken maurischen Einfluss zurück. Die Mauren brachten auch Mandeln und Feigen mit, die seitdem auf Mallorca angebaut werden.

Die Garnelenspieße mit Datteln (Bild Seite 52/53) schmecken unvergesslich.

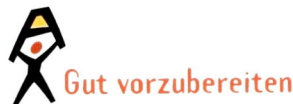

Gut vorzubereiten

Fisch- und Garnelenfrikadellen
Medallones Marineros

Für 4 Portionen

- 100 g Kabeljaufilet
- 100 g gekochte und geschälte Garnelenschwänze
- 1 Schalotte
- 1 kleine Knoblauchzehe
- 1 Stängel Petersilie
- ½ TL Fenchelkraut
- 3 EL Olivenöl
- 1 Ei
- 1 EL Semmelbrösel
- Salz
- weißer Pfeffer
- Mehl zum Panieren

1. Das Kabeljaufilet kurz in kochendem Wasser blanchieren, abgießen, abtropfen lassen und klein schneiden. Die Garnelenschwänze klein hacken.

2. Die Schalotte und die Knoblauchzehe abziehen und fein würfeln. Petersilie und Fenchelkraut waschen, trockentupfen, die Blättchen abzupfen und hacken.

3. 1 Esslöffel Olivenöl erhitzen und die Schalottenwürfel darin bei schwacher Hitze glasig braten. Abkühlen lassen.

4. Das Ei verschlagen. Kabeljau, Garnelen, Knoblauch, Kräuter, Semmelbrösel und abgekühlte Schalottenwürfel zugeben, mit Salz und Pfeffer würzen und alles zu einem festen Fischteig verarbeiten.

5. Fischplätzchen von 6 cm Ø aus der Fischmasse formen, in Mehl wenden und im restlichen Olivenöl bei mittlerer Hitze in 6 bis 8 Minuten auf beiden Seiten goldbraun braten.

6. Die Frikadellen auf einer Platte anrichten oder auf vier Teller verteilen und sofort servieren.

Zubereitungszeit:
ca. 35 Minuten

Serviertipp
Zu den Frikadellen passt ein junger, kühler Weißwein, z. B. ein Moll aus Binissalem, sehr gut.

 **Klassiker**

Miesmuscheln Fischerart
Mejillones a la Marinera

Für 4 Portionen

- 2 kg Miesmuscheln
- 1 große Tomate
- 1 mittelgroße Zwiebel
- 4 Knoblauchzehen
- 2 EL Olivenöl
- 1 Lorbeerblatt
- 1 getrocknete Chilischote
- 200 ml trockener Weißwein
- ½ EL Paprikapulver rosenscharf
- Salz
- frisch gemahlener Pfeffer
- 1 Bund Petersilie

1. Die Muscheln unter fließendem Wasser gründlich abbürsten oder mit einem Messerrücken sauber schaben, geöffnete Exemplare dabei aussortieren.

2. Die Tomate an der Unterseite kreuzweise einschneiden, mit kochendem Wasser kurz überbrühen, abschrecken und häuten. Das Fruchtfleisch vierteln, entkernen und in Würfel schneiden.

3. Die Zwiebel abziehen und fein würfeln. Die Knoblauchzehen abziehen und in Scheiben schneiden.

4. Das Olivenöl in einem Topf erhitzen und die Zwiebelwürfel darin bei schwacher Hitze glasig braten. Knoblauch, Tomate, Lorbeerblatt und Chilischote zugeben und 2 Minuten dünsten. Mit dem Wein aufgießen und mit Paprikapulver, Salz und Pfeffer würzen.

5. Die Muscheln zugeben, bei mittlerer Hitze zugedeckt 5 bis 7 Minuten kochen, bis sich die Schalen geöffnet haben. Dabei den Topf mehrmals kräftig schütteln.

6. Die Petersilie waschen, trockentupfen, die Blättchen abzupfen und hacken.

7. Die Muscheln mit Kochsud auf vier Schalen verteilen. Nicht geöffnete Exemplare wegwerfen. Mit gehackter Petersilie bestreuen und sofort servieren.

Zubereitungszeit:
ca. 45 Minuten

Serviertipp
Als Beilage Knoblauchbrot reichen und dazu einen würzigen, herzhaften Weißwein, z. B. einen Chardonnay, kredenzen.

Viel Knoblauch gibt den Miesmuscheln Fischerart (Bild rechts) ihr Aroma.

 **Raffiniert**

Tintenfisch Costa Brava
Sepia Costa Brava

Für 4 Portionen

- 750 g Sepia
- 2 mittelgroße Tomaten
- 1 mittelgroße Zwiebel
- 2 Knoblauchzehen
- 1 Frühlingszwiebel
- 4 EL Olivenöl
- Salz
- frisch gemahlener Pfeffer
- 150 ml Sherry Fino
- 4 cl Brandy
- 1 Lorbeerblatt
- 12 geschälte Mandeln
- ½ Bund Petersilie
- 6 Fäden Safran

1. Den Kopf und die Tentakel der Sepia aus dem Körper herausziehen, die Innereien und das plastikartige Rückgrat entfernen, den Körper innen ausspülen und die äußere Haut unter fließendem, kaltem Wasser abrubbeln. Den Körper in 6 cm lange und 1 cm breite Streifen schneiden.

2. Die Tomaten an der Unterseite kreuzweise einschneiden, mit kochendem Wasser kurz überbrühen, abschrecken und häuten. Das Fruchtfleisch vierteln, entkernen und in Würfel schneiden.

3. Die Zwiebel und Knoblauchzehen abziehen und fein würfeln. Die Frühlingszwiebel putzen und klein schneiden.

4. Die Sepiastreifen in einem flachen Topf ohne Öl etwa 7 Minuten bei schwacher Hitze garen, damit die Flüssigkeit verdunstet. Dabei ab und zu umrühren. Aus dem Topf nehmen und beiseite stellen.

5. Das Olivenöl erhitzen. Zwiebel, Frühlingszwiebel und Knoblauch darin glasig braten und den Tintenfisch hinzufügen. Nach 2 Minuten die Tomaten dazugeben und mit Salz und Pfeffer würzen. Nach weiteren 2 Minuten mit Sherry und Brandy ablöschen, das Lorbeerblatt zugeben und 15 Minuten bei schwacher Hitze garen.

6. Die Mandeln hacken. Die Petersilie waschen, trockentupfen und die Blättchen abzupfen. Mandeln, Petersilie und Safran in einem Mörser zermahlen, mit etwas Brühe aus dem Topf verrühren und zum Tintenfisch geben. Alles weitere 2 Minuten kochen. Das Gericht mit Salz und Pfeffer abschmecken.

7. Den Tintenfisch mit der Sauce auf vier Teller verteilen und sofort servieren.

Zubereitungszeit:
ca. 50 Minuten

Serviertipp
Trinken Sie dazu einen Blanco Penedès.

Traditionell

Tintenfisch in eigener Tinte
Calamares en su Tinta

Für 4 Portionen

- 300 g Kalmare
- 1 Tomate
- 1 Schalotte
- 1 Knoblauchzehe
- 2 EL Olivenöl
- 150 ml Rotwein
- 1 Beutel Tintenfischtinte
  (im Fischgeschäft erhältlich)
- Salz
- frisch gemahlener Pfeffer

1. Den Kopf und die Tentakel der Kalmare aus der Körpertube herausziehen, die Innereien und das plastikartige Rückgrat entfernen, die Tube innen ausspülen und die äußere Haut unter fließendem, kaltem Wasser abrubbeln. Die Tuben in kleine Stücke schneiden. Sollen die Tentakel verwendet werden, vom Kopf trennen und klein schneiden.

2. Die Tomate an der Unterseite kreuzweise einschneiden, mit kochendem Wasser kurz überbrühen, abschrecken und häuten. Das Fruchtfleisch vierteln, entkernen und in Würfel schneiden.

3. Die Schalotte und Knoblauchzehe abziehen und fein würfeln.

4. Die Kalmarstücke in einer beschichteten Pfanne ohne Zugabe von Öl 2 Minuten dünsten, um die Flüssigkeit verdunsten zu lassen. Herausnehmen und beiseite stellen.

5. Das Öl in der Pfanne erhitzen und Schalotte und Knoblauch darin glasig braten. Die Kalmare dazugeben und bei schwacher Hitze 1 Minuten erwärmen. Die Tomatenwürfel hinzufügen und mit Wein

ablöschen. Die Tinte einrühren, mit Salz und Pfeffer würzen und zugedeckt 5 Minuten kochen.

6. Die Kalmare mit der Sauce auf vier Teller verteilen und sofort servieren.

Zubereitungszeit:
ca. 35 Minuten

Serviertipp
Genießen Sie den Tintenfisch mit einem fruchtigen, herben Rotwein.

Tipp

Etwas aufwendig ist es, die Tinte der verwendeten Kalmare zu nehmen. Dafür Kopf und Tentakel wie beschrieben entfernen. Den Körper aufschneiden und die Eingeweide vorsichtig herauslösen. Am unteren Ende des Körpers ist jetzt deutlich der transparente Tintenbeutel mit seinem dunklen Inhalt zu erkennen. Mit Daumen und Zeigefinger die Tinte in ein kleines Schälchen drücken.

Rustikal

Stockfisch Mallorquina
Bacalao Picantito

Für 4 Portionen

- 200 g Stockfischlende (Lomo)
- 1 kleine rote Paprika
- 1 Schalotte
- 1 Knoblauchzehe
- Mehl zum Panieren
- 2 EL Olivenöl
- 200 g Tomatensauce
- ½ TL gemahlene Chilischote
- Salz
- frisch gemahlener Pfeffer
- 2 EL Weißwein

1. Den Stockfisch in Streifen von 6 cm Länge und 2 cm Breite schneiden und 12 Stunden wässern.

2. Die Paprika waschen, halbieren, von Stielansatz, weißen Zwischenwänden und Kernen befreien und in Würfel schneiden. Schalotte und Knoblauchzehe abziehen und fein würfeln.

3. Die Stockfischstreifen trockentupfen und in Mehl wenden. Das Olivenöl in einer Pfanne erhitzen und den Stockfisch darin bei mittlerer Hitze auf allen Seiten goldbraun braten. Herausheben und beiseite stellen.

4. Schalotten- und Paprikawürfel in die Pfanne geben und bei schwacher Hitze 2 Minuten garen. Knoblauch und Tomatensauce hinzufügen, umrühren und mit Chilischote, Salz und Pfeffer würzen. Den Wein zugießen, den Stockfisch in die Pfanne legen und zugedeckt bei schwacher Hitze 2 Minuten kochen.

5. Die Stockfischstreifen auf vier Tellern anrichten, mit der Tomatensauce begießen und sofort servieren.

Zubereitungszeit:
ca. 30 Minuten
Einweichzeit:
12 Stunden

Serviertipp
Dazu passt ein frischer, fruchtiger Weißwein.

Info

Bacalao ist in ganz Spanien beliebt. Früher war er eher ein Arme-Leute-Essen, aber durch die starke Verringerung der Kabeljaubestände ist dieser Fisch inzwischen teurer geworden. In vielen spanischen Städten gibt es eigene Bacalao-Geschäfte. Dort wird er als »bacalada« im Ganzen, als »lomo« in dicken rechteckigen Stücken aus dem grätenfreien Rückenstück – der beste Teil – und als »loncha« und »cola«, Stücke von geringerer Qualität, verkauft.

Der traditionelle Stockfisch Mallorquina (Bild rechts) sollte auf Ihrer Tapas-Tafel nicht fehlen.

Traditionell

Pikante Meeresfrüchte
Picantito Marinero

Für 4 Portionen

- 200 g Kalmare
- 200 g Sepia
- 1 kleine weiße Zwiebel
- 2 Knoblauchzehen
- 1 Frühlingszwiebel
- 2 Chilischoten
- 1 Stängel Oregano
- ½ Bund Petersilie
- 3 EL Olivenöl
- Salz
- frisch gemahlener Pfeffer
- 3 EL Tomatensauce
- 125 ml Weißwein

1. Den Kopf und die Tentakel der Kalmare aus der Körpertube herausziehen, die Innereien und das plastikartige Rückgrat entfernen, die Tube innen ausspülen und die äußere Haut unter fließendem, kaltem Wasser abrubbeln. Die Tuben in kleine Stücke schneiden. Mit den Sepia genauso verfahren. Die Tentakel der Kalmare vom Kopf trennen und ebenfalls verwenden.

2. Sepia und Kalmare in einer beschichteten Pfanne ohne Zugabe von Öl 5 Minuten zugedeckt garen, um die Flüssigkeit verdunsten zu lassen.

3. In der Zwischenzeit Zwiebel und Knoblauchzehen abziehen und fein würfeln. Die Frühlingszwiebel putzen und klein schneiden. Die Chilischoten waschen, halbieren, entkernen und hacken. Die Oreganoblätter abzupfen und hacken. Die Petersilie waschen, trockentupfen, die Blättchen abzupfen und ebenfalls hacken.

4. Das Olivenöl zu den Meeresfrüchten geben und erhitzen. Die Zwiebeln hinzufügen und glasig braten. Mit Salz und Pfeffer würzen.

5. Tomatensauce, Knoblauch und Oregano einrühren und 2 Minuten bei schwacher Hitze kochen. Mit dem Wein aufgießen, Chilischoten und Petersilie hinzufügen und zugedeckt nochmals 3 Minuten garen.

6. Das Gericht eventuell nochmals mit Salz und Pfeffer abschmecken, auf vier Teller verteilen und sofort servieren.

Zubereitungszeit:
ca. 30 Minuten

Serviertipp
Dazu passt am besten einfaches Weißbrot und als Wein ein trockener Vino Blanco.

Tipp
Die Innereien der Tintenfische vorsichtig entfernen, um den Tintenbeutel dabei nicht zu zerstören. Die Tinte wird in diesem Rezept nicht mitverwendet.

Originell

Gedünstete Sepiastreifen
Pica-Pica

Für 4 Portionen

- 200 g Sepia
- 1 mittelgroße Tomate
- 1 kleine Zwiebel
- 1 Knoblauchzehe
- 1 Chilischote
- 3 EL Olivenöl
- Salz
- frisch gemahlener Pfeffer
- 2 cl Brandy
- 4 cl Sherry Fino
- 3 EL Fischbrühe

1. Den Kopf und die Tentakel der Sepia aus dem Körper ziehen, die Tube von Innereien und dem plastikartigen Rückgrat befreien, die Körper innen ausspülen und die äußere Haut unter fließendem, kaltem Wasser abrubbeln.

2. Die Körper in 1 Liter Wasser 10 Minuten garen, abgießen, abtropfen lassen und in Streifen schneiden.

3. Die Tomate an der Unterseite kreuzweise einschneiden, mit kochendem Wasser kurz überbrühen, abschrecken und häuten. Das Fruchtfleisch vierteln, entkernen und in Würfel schneiden.

4. Die Zwiebel und die Knoblauchzehe abziehen und fein würfeln. Die Chilischote halbieren, entkernen und klein schneiden.

5. Das Olivenöl erhitzen und Zwiebeln und Knoblauch darin in 5 Minuten glasig braten. Sepiastreifen, Tomatenwürfel und Chilischote zugeben. Mit Salz und Pfeffer würzen und im eigenen Saft 5 Minuten dünsten. Mit Brandy, Sherry und der Brühe ablöschen und zugedeckt bei schwacher Hitze in 10 Minuten gar ziehen lassen.

6. Das Gericht auf vier Teller verteilen und sofort servieren.

Zubereitungszeit:
ca. 45 Minuten

Serviertipp
Mit einem Glas Sherry Fino servieren.

Rustikal

Octopus mit Zwiebeln
Pulpo con Cebolla

Für 4 Portionen

- 1 kg Octopus (Krake)
- Salz
- 2 Tomaten
- 1 kg Zwiebeln
- 6 Knoblauchzehen
- 2 kleine, getrocknete Chilischoten
- 2 EL Olivenöl
- 2 Lorbeerblätter
- 2 Stängel Majoran
- 125 ml Sherry
- ½ TL Paprikapulver edelsüß
- frisch gemahlener Pfeffer
- ½ Bund Petersilie

1. Den Octopus säubern und waschen. In einem großen Topf 3 Liter Wasser mit ½ Esslöffel Salz aufkochen. Den Octopus ins kochende Wasser tauchen und wieder herausnehmen. Diesen Vorgang zweimal wiederholen. Den Octopus endgültig ins kochende Wasser geben und in etwa 1 Stunde weich kochen.

2. In der Zwischenzeit die Tomaten an der Unterseite kreuzweise einschneiden, mit kochendem Wasser kurz überbrühen, abschrecken und häuten. Das Fruchtfleisch vierteln, entkernen und in Würfel schneiden.

3. Die Zwiebeln abziehen, halbieren und in Scheiben schneiden. Die Knoblauchzehen abziehen und in dünne Scheiben schneiden. Die Chilischoten zerbröseln.

4. Das Olivenöl in einem flachen Topf erhitzen, die Zwiebeln und den Knoblauch dazugeben und zugedeckt bei schwacher Hitze in 10 Minuten glasig dünsten, dabei ab und zu umrühren.

5. Die Krake aus dem Wasser heben, etwas abkühlen lassen, bis man sie anfassen kann, und die Saugnäpfe von den Tentakeln entfernen. Den Octopus in 2 cm dicke Scheiben schneiden.

6. Octopus, Tomaten, Chilischoten, Lorbeerblätter und Majoran zu der Zwiebel-Knoblauch-Mischung geben, mit Sherry ablöschen und mit Paprikapulver, Salz und Pfeffer würzen. Die Petersilie waschen, trockentupfen, die Blättchen abzupfen, grob hacken und über den Octopus streuen. Zugedeckt bei schwacher Hitze 10 Minuten garen, dabei immer wieder umrühren.

7. Das Gericht auf vier Teller verteilen und noch heiß servieren.

Zubereitungszeit:
ca. 1 Stunde 30 Minuten

Serviertipp
Dazu passt ein Manto Negro von Franja Roja aus Binissalem oder ein junger Rotwein.

Klassiker

Paprika mit Knoblauch
Pimientos al Ajillo con Picatostes

Für 4 Portionen

- 1 rote Paprika
- 1 grüne Paprika
- 50 g Serrano- oder Parmaschinken
- 2 Scheiben Toastbrot
- 2 Knoblauchzehen
- 1 Chilischote
- 1 Stängel Petersilie
- 2 EL Olivenöl
- Salz
- frisch gemahlener Pfeffer

1. Die Paprika waschen, halbieren, von Stielansatz, weißen Zwischenwänden und Kernen befreien und in 3 cm große Stücke brechen, damit der Saft nicht entweicht.

2. Den Schinken in kleine, das Toastbrot in etwas größere Würfel schneiden.

3. Die Knoblauchzehen abziehen und fein würfeln. Die Chilischote waschen, halbieren, entkernen und hacken. Die Petersilie waschen, trockentupfen, die Blättchen abzupfen und hacken.

4. Das Olivenöl in einer Pfanne erhitzen. Die Toastbrotwürfel darin von allen Seiten unter Rühren anbräunen, herausheben und auf Küchenpapier abtropfen lassen.

5. Die Paprikastücke und den Schinken in die Pfanne geben, mit Salz und Pfeffer würzen und unter ständigem Rühren 2 Minuten braten. Toastbrotwürfel, Knoblauch, Chilischote und Petersilie dazugeben, vermischen und nochmals erhitzen.

6. Die Paprikastücke mit Brot- und Schinkenwürfeln auf vier Teller verteilen und sofort servieren.

Zubereitungszeit:
ca. 25 Minuten

Serviertipp
Servieren Sie das Paprikagemüse mit einem runden, fruchtbetonten Rotwein.

Gelingt leicht

Hähnchenbrust mit Pinienkernen
Pechuguitas con Piñones

Für 4 Portionen

- 200 g Hähnchenbrust
- 1 Knoblauchzehe
- 2 Chilischoten
- 2 EL Olivenöl
- 50 g Pinienkerne
- 1 Zweig Thymian
- 1 Stängel Majoran
- Salz
- frisch gemahlener Pfeffer
- 100 ml Sherry Fino

1. Die Hähnchenbrust würfeln. Knoblauchzehe abziehen und vierteln. Chilischoten waschen, halbieren und entkernen.

2. Das Olivenöl erhitzen und die Hähnchenbrustwürfel darin kurz anbraten. Pinienkerne, Knoblauch, Chilischoten, Thymian und Majoran zugeben, mit Salz und Pfeffer würzen und 3 Minuten

garen. Mit dem Sherry ablöschen und 1 weitere Minute ziehen lassen. Das Gericht sofort servieren.

Zubereitungszeit: ca. 25 Minuten

Serviertipp
Zu der Hähnchenbrust einen Weißwein oder Sherry Fino kredenzen.

Originell

Junge Tauben mit Knoblauch
Pichones al Ajillo

Für 4 Portionen

- 2 Tauben, ca. 800 g
- 100 g Frühstücksspeck
- 12 grüne Oliven
- 4 Knoblauchzehen
- 1 Chilischote
- 2 EL Olivenöl
- Salz
- frisch gemahlener Pfeffer
- 2 EL Sherry Fino
- 1 TL gerebelter Thymian
- 1 TL Oregano

Einfach und verführerisch: Hähnchenbrust mit Pinienkernen (Bild rechts).

1. Die Tauben innen und außen waschen, trockentupfen und in je 4 bis 6 Stücke zerteilen. Frühstücksspeck in Streifen schneiden. Oliven entsteinen. Die Knoblauchzehen abziehen und in dünne Scheiben schneiden. Die Chilischote waschen, halbieren, entkernen und hacken.

2. Das Olivenöl erhitzen. Die Taubenstücke mit Salz und Pfeffer würzen und von allen Seiten anbraten. Speck, Oliven und Knoblauch zugeben und 2 Minuten mitbraten.

3. Die Tauben mit dem Sherry ablöschen, mit Thymian, Oregano und Chilischote würzen und zugedeckt 4 Minuten schmoren. Das Gericht mit Salz und Pfeffer abschmecken, auf vier Teller verteilen und sofort heiß servieren.

Zubereitungszeit: ca. 30 Minuten

Serviertipp
Zu jungen Tauben ist ein ganz junger Weißwein beinahe ein Muss.

Traditionell

Mallorca-Tapa
Frit Mallorquín

Für 4 Portionen

- 150 g Kartoffeln
- Olivenöl zum Frittieren
- 50 g grüne TK-Erbsen
- Salz
- 100 g Schweinelende
- 100 g Schweineleber
- 100 g Austernpilze
- 1 rote Paprika
- 2 Frühlingszwiebeln
- 2 Knoblauchzehen
- 1 getrocknete Chilischote (nach Geschmack)
- 2 EL Olivenöl
- 1 EL Fenchelkraut
- 1 TL frische Majoranblättchen
- frisch gemahlener Pfeffer

1. Die Kartoffeln waschen, schälen und in Stifte von 6 cm Länge und 5 mm Dicke schneiden. Mit Küchenpapier trockentupfen. Das Olivenöl auf 180 °C erhitzen und die Kartoffelstifte darin in 5 Minuten goldbraun frittieren. Auf Küchenpapier abtropfen lassen.

2. Die Erbsen in leicht gesalzenem Wasser in 10 Minuten weich kochen, abgießen, abschrecken und abtropfen lassen.

3. Schweinelende und -leber von Fett, Häuten und Sehnen befreien und in Streifen der Größe der Kartoffeln schneiden. Die Austernpilze putzen und ebenfalls in Streifen schneiden.

4. Die Paprika waschen, halbieren, von Stielansatz, weißen Zwischenwänden und Kernen befreien und würfeln. Die Frühlingszwiebeln putzen und in 3 cm lange Stücke schneiden. Die Knoblauchzehen abziehen und in feine Scheiben schneiden. Die Chilischote hacken.

5. Das Olivenöl erhitzen und Schweinelende und -leber darin anbraten. Austernpilze, Paprika, Frühlingszwiebeln, Knoblauch und Chilischote hinzufügen und 5 Minuten bei mittlerer Hitze unter ständigem Rühren braten. Kartoffelstifte und Erbsen zugeben und erhitzen.

6. Fenchelkraut und Majoranblätter hacken, über das Fleisch streuen und umrühren. Mit Salz und Pfeffer würzen. Auf vier Teller verteilen und sofort servieren.

Zubereitungszeit:
ca. 40 Minuten

Serviertipp
Servieren Sie diese typische mallorquinische Tapa mit Knoblauchbrot und einem jungen Rotwein aus Navarra oder dem Penedès.

Rustikal

Bäuerliche Putenbrust
Falditas de Pavo

Für 4 Portionen

- 250 g Putenbrust
- 1 rote Paprika
- 1 grüne Paprika
- 2 weiße Zwiebeln
- 2 Knoblauchzehen
- 1 kleine getrocknete Chilischote (nach Geschmack)
- 2 EL Olivenöl
- Salz
- frisch gemahlener Pfeffer
- 2 EL Sherry Amontillado
- 1 Lorbeerblatt

1. Die Putenbrust von Fett und Häuten befreien und in etwa 5 cm lange Streifen schneiden.

2. Die Paprika waschen, halbieren, von Stielansatz, weißen Zwischenwänden und Kernen befreien und längs in Streifen schneiden. Die Zwiebeln abziehen, halbieren und in Scheiben schneiden. Die Knoblauchzehen abziehen und in Scheiben scheiden. Die Chilischote zerbröseln.

3. Das Olivenöl erhitzen, Putenbruststreifen und Chilischote darin bei mittlerer Hitze kurz anbraten und mit Salz würzen. Herausnehmen und beiseite stellen.

4. Paprika, Zwiebeln und Knoblauch in das heiße Öl geben und unter ständigem Rühren bei schwacher Hitze 2 Minuten braten. Mit Salz und Pfeffer würzen, mit dem Sherry ablöschen und Putenbruststreifen und Lorbeerblatt hinzufügen. Durchziehen lassen, bis das Fleisch wieder warm ist.

5. Die Putenbruststreifen und das Gemüse auf vier Teller verteilen und noch heiß servieren.

Zubereitungszeit: ca. 30 Minuten

Serviertipp
Dazu passt ein kräftiger weißer Landwein.

Gelingt leicht

Pfifferlinge Katalanisch
Picornells Barcelona

Für 4 Portionen

- 500 g Pfifferlinge
- 150 g Chorizo und/oder Serranoschinken
- 3 Knoblauchzehen
- 2 kleine getrocknete Chilischoten
- 2 EL Olivenöl
- Salz
- frisch gemahlener Pfeffer
- ½ Bund Petersilie
- 1 Zweig Thymian

1. Die Pfifferlinge säubern und putzen. Chorizo und/oder Schinken in kleine Würfel schneiden. Die Knoblauchzehen abziehen und fein würfeln. Die Chilischoten hacken.

2. Das Olivenöl erhitzen, Knoblauch und Chilischoten zugeben und kurz anbraten. Nacheinander Chorizo, Schinken und Pilze hinzufügen, mit Salz und Pfeffer würzen und 10 Minuten braten. Die Petersilie- und die Thymianblättchen abzupfen, hacken und über die Pilze streuen.

3. Die Pfifferlinge auf vier Teller verteilen und sofort servieren.

Zubereitungszeit:
ca. 30 Minuten

Serviertipp
Reichen Sie dazu einen leichten Roséwein.

Geht schnell

Hummerkrabben aus der Grillpfanne
Langostinos a la Plancha

Für 4 Portionen

- 16 Hummerkrabben mit Kopf und Schale
- 1 EL Olivenöl
- 1 EL Salz
- 1 EL All i Oli
- 3 Knoblauchzehen
- 1 kleine Chilischote
- Saft von 1 Zitrone
- 3 EL Olivenöl
- Salz
- frisch gemahlener Pfeffer

Das Festland grüßt mit den Pfifferlingen Katalanisch (Bild rechts, unten).

1. Die Hummerkrabben waschen und trockentupfen. Eine gusseiserne Grillpfanne mit Olivenöl auspinseln, mit Salz bestreuen und erhitzen. Die Hummerkrabben hineingeben und auf beiden Seiten jeweils 2 Minuten braten. Herausnehmen, schälen und mit All i Oli bestreichen.

2. Für die Sauce die Knoblauchzehen abziehen und würfeln. Die Chilischote waschen, halbieren, entkernen und klein schneiden. Beide Zutaten mit Zitronensaft und Olivenöl in einen Mixer geben. Mit Salz und Pfeffer würzen und ½ Minute pürieren.

3. Die Hummerkrabben auf einer Platte anrichten. Die Sauce in eine Schale füllen und getrennt zum Dippen dazu reichen.

Zubereitungszeit:
ca. 15 Minuten

Serviertipp
Zu den Hummerkrabben passt ein Cava extra brut sehr gut.

Raffiniert

Schweinemedaillons mit Feigen
Medallones de Cerdo con Higos

Für 4 Portionen

- 2 Knoblauchzehen
- 400 g Schweinefilet
- Salz
- frisch gemahlener Pfeffer
- 2 EL Olivenöl
- 1 EL Sonnenblumenöl
- 8 getrocknete Feigen
- 8 Scheiben Baguette
- 8 Trauben

1. Die Knoblauchzehen abziehen und halbieren. Das Schweinefilet von Fett und Häuten befreien, in 8 Medaillons von 4 cm Dicke schneiden und mit dem Handballen etwas flach drücken. Die Fleischscheiben mit dem halbierten Knoblauch einreiben, mit Salz und Pfeffer würzen und mit 1 Esslöffel Olivenöl bestreichen. Im Kühlschrank 24 Stunden ziehen lassen.

2. Das Sonnenblumenöl mit dem restlichen Olivenöl erhitzen und die Medaillons darin 4 Minuten unter einmaligem Wenden bei mittlerer Hitze braten. Herausnehmen und warm stellen.

3. Die Feigen flach drücken und kurz im heißen Öl anbraten. Die Baguettescheiben darin auf beiden Seiten 2 Minuten rösten.

4. Jeweils 1 Scheibe Baguette mit 1 Schweinemedaillon und 1 Feige belegen. Jede Traube mit einem Zahnstocher aufspießen und in die Baguettes stechen. Auf einer Platte anrichten und sofort servieren.

Zubereitungszeit:
ca. 30 Minuten
Marinierzeit:
24 Stunden

Serviertipp
Trinken Sie dazu einen trockenen Weißwein, z. B. einen Prensal Blanco aus Mallorca.

Mit exotischer Note: Schweinemedaillons mit Feigen und Trauben (Bild Seite 71, oben).

 Raffiniert

Wachteln mit Knoblauch
Codornices al Ajillo

Für 4 Portionen

- 4 Wachteln
- Salz
- frisch gemahlener Pfeffer
- 50 g Serrano- oder Parmaschinken
- 4 Knoblauchzehen
- 2 Guindillas (kleine Chilischoten)
- 3 EL Olivenöl
- 125 ml Sherry Fino
- 1 Lorbeerblatt
- 1 TL Majoran
- ½ TL Thymian

1. Eventuell noch vorhandene Flaumfedern der Wachteln abbrennen und Federkiele entfernen. Die Wachteln innen und außen waschen, trocken-tupfen, in jeweils 4 Stücke zerteilen und mit Salz und Pfeffer einreiben.

2. Den Schinken in Streifen schneiden. Die Knoblauchze-hen abziehen und in Scheiben schneiden. Die Chilischoten waschen, halbieren, entker-nen und zerkleinern.

3. Das Olivenöl erhitzen und die Wachtelteile bei mittlerer Hitze von allen Seiten gold-braun anbraten. Die Tempe-ratur auf starke Hitze erhöhen und Schinken, Knoblauch und Chilischoten zugeben. Nach 1 Minute mit dem Sherry ablöschen, das Lorbeerblatt hinzufügen und mit Majoran, Thymian, Salz und Pfeffer würzen. 5 Minuten bei schwa-cher Hitze garen.

4. Die Wachtelteile auf vier Teller verteilen und sofort servieren.

Zubereitungszeit:
ca. 30 Minuten

Varianten
- Anstatt mit Serranoschinken können Sie dieses Rezept einmal mit Chorizo auspro-bieren.
- Sie können auch mit dem Sherry 2 geschälte und geviertelte Feigen zugeben.

Serviertipp
Entweder Sie reichen als Getränk den Sherry, den Sie zum Kochen verwendet haben, oder Sie servieren einen fruchtigen, weichen Rotwein, z. B. einen Merlot.

Rustikal

Nieren in Sherry
Riñones al Jerez

Für 4 Portionen

- 500 g Nieren vom Schwein, Kalb oder Lamm
- Saft von 1 Zitrone
- Salz
- 3 Schalotten
- 2 Knoblauchzehen
- 1 getrocknete Chilischote
- 2 EL Olivenöl
- 1 TL Mehl
- ½ TL Majoran
- weißer Pfeffer
- 250 ml Sherry Fino
- 1 Stängel Petersilie

1. Die Nieren längs einschneiden und mit einem scharfen, spitzen Messer Fett, Sehnen und Adern herausschneiden. Die Nieren waschen und in Scheiben schneiden. Mit Zitronensaft und Salz vermischen und 1 Stunde ziehen lassen.

2. Die Schalotten abziehen und würfeln. Die Knoblauchzehen abziehen und in Scheiben schneiden. Die Chilischote in einem Mörser zerstoßen.

3. Die Nieren in ein Sieb geben, unter fließendem kaltem Wasser abspülen und trockentupfen. Das Olivenöl erhitzen, Schalotten, Knoblauch, Chilischote und Nieren zugeben und bei schwacher Hitze unter ständigem Rühren 3 Minuten braten. Das Mehl einrühren. Die Nieren mit Majoran, Salz und Pfeffer würzen und mit dem Sherry ablöschen. Aufkochen und kurz ziehen lassen.

4. Die Petersilie waschen, trockentupfen, die Blättchen abzupfen und hacken. Die Nieren auf vier Teller verteilen, mit Petersilie bestreuen und sofort servieren.

Vorbereitungszeit:
ca. 35 Minuten
Marinierzeit:
1 Stunde

Serviertipp
Zu diesem Gericht passt ein Sherry Fino.

Info

Kalbs- und Lammnieren bestehen aus vielen zusammenhängenden Nierenlappen. Nur Schweinenieren haben die bekannte glatte Form. Kalbs- und Lammnieren sind besonders zart, während bei Schweinenieren der Nierengeschmack sehr deutlich zutage tritt.

Geht schnell

Spanferkelleber Mallorcaart
Fetge de Porcella Payesa

Für 4 Portionen

- 250 g Spanferkelleber
- 1 Zwiebel
- 1 Knoblauchzehe
- 1 Frühlingszwiebel
- 1 EL Olivenöl
- 1 Lorbeerblatt
- Cayennepfeffer
  (nach Geschmack)
- 1 TL Majoran
- Salz
- frisch gemahlener Pfeffer
- 2 EL roter Portwein oder
  Sherry Amontillado

1. Die Leber von Sehnen und Häuten befreien und in Streifen von 4 cm Länge und 1 cm Breite schneiden. Zwiebel und Knoblauchzehe abziehen und fein würfeln. Die Frühlingszwiebel putzen und klein hacken.

2. Das Olivenöl erhitzen und die Zwiebel darin glasig braten. Leberstreifen, Knoblauch, Frühlingszwiebel und Lorbeerblatt zugeben und unter ständigem Rühren 2 Minuten braten. Mit Cayennepfeffer, Majoran, Salz und Pfeffer würzen. Mit dem Portwein oder Sherry ablöschen und 1 weitere Minute bei schwacher Hitze ziehen lassen.

3. Die Leber auf vier Teller verteilen und sofort servieren.

Zubereitungszeit:
ca. 20 Minuten

Serviertipp
Reichen Sie zu der Spanferkelleber einen herben, gehaltvollen Weißwein.

Gelingt leicht

Kaninchenleber mit Knoblauch
Higadillos de Conejo al Ajillo

Für 4 Portionen

- 400 g Kaninchen-
  oder Hasenleber
- 3 Schalotten
- 1 Knoblauchzehe
- 1 Chilischote
  (nach Geschmack)
- 2 EL Olivenöl
- 3 EL Sherry Fino
- 1 TL Oregano
- 1 Prise Muskat
- Salz
- frisch gemahlener Pfeffer

1. Die Leber von Haut und Sehnen befreien und in dünne Streifen schneiden. Schalotten und Knoblauchzehe abziehen und fein würfeln. Die Chilischote hacken.

2. Das Olivenöl erhitzen Schalotten und Knoblauch darin glasig dünsten. Die Leber dazugeben und anbraten. Mit dem Sherry ablöschen, mit Oregano, Muskat, Salz und Pfeffer würzen, aufkochen und zugedeckt 1 bis 2 Minuten ziehen lassen, bis die Leber gar ist.

3. Den Pfanneninhalt auf vier Teller verteilen und sofort servieren.

Zubereitungszeit:
ca. 20 Minuten

Serviertipp
Am besten mit einem Glas Sherry Fino servieren.

Gebackene und frittierte Tapas

Gebacken in der Pfanne, im Ofen oder in heißem Olivenöl – hier entdecken Sie weitere köstliche Häppchen, die Sie noch nicht so gut kennen wie die frittierten Tintenfischringe. Auch Tortillas oder Cocas finden sich hier. Sie sind als Tapas jederzeit willkommen, aber genausogut einem größeren Hunger gewachsen.

Traditionell

Gemüse-Coca (Balearenpizza)
Coca de Verdura

Für 4 Portionen

- 400 g Mehl
- 150 ml Olivenöl
- 3 Knoblauchzehen
- 3 Frühlingszwiebeln
- ½ Bund Petersilie
- 500 g Mangold
- Salz
- 1 TL Paprikapulver rosenscharf
- Olivenöl für das Backblech
- 3 Tomaten

Die variationsreiche mallorquinische Coca wird in diesem Rezept mit Gemüse bereitet (Bild Seite 76/77).

1. Das Mehl, 125 Milliliter Olivenöl und 125 Milliliter Wasser mit den Quirlen des Handrührgeräts zu einem glatten Teig verarbeiten und zugedeckt 30 Minuten quellen lassen.

2. Die Knoblauchzehen abziehen und fein würfeln. Die Frühlingszwiebeln putzen und in dünne Ringe schneiden. Die Petersilie waschen, trockentupfen, die Blättchen abzupfen und hacken.

3. Den Mangold waschen, trockentupfen, dicke Blattrippen etwas ausschneiden und die Blätter in Streifen schneiden. Mit Knoblauch, Frühlingszwiebeln und gehackter Petersilie in eine Schüssel geben, mit Salz und Paprikapulver bestreuen, mit dem restlichen Olivenöl beträufeln und durchmischen.

4. Den Backofen auf 180 °C (Gas Stufe 2–3, Umluft 160 °C) vorheizen. Ein rundes oder eckiges Backblech mit Olivenöl bestreichen und mit dem Teig auslegen. Das Gemüse darauf verteilen.

5. Die Tomaten waschen, vom Stielansatz befreien und in Scheiben schneiden. Das Gemüse mit den Tomatenscheiben belegen, mit Salz bestreuen und im heißen Ofen 20 bis 30 Minuten backen.

6. Das Backblech aus dem Ofen nehmen, die Coca in kleine Stücke schneiden und auf vier Tellern, einer Platte oder einfach einer Papierserviette servieren.

Vorbereitungszeit:
ca. 40 Minuten
Ruhezeit: 30 Minuten
Backzeit: ca. 30 Minuten

Serviertipp
Dazu passt am besten ein trockener, junger Landwein – rot oder weiß.

Info

Was die Pizza in Italien ist, ist die Coca auf Mallorca. Es gibt sie in einer Vielzahl von Variationen und zu jeder Gelegenheit, mal hauchdünn, mal mit einem üppig aufgegangenen Teig.

Raffiniert

Hummerkrabbentortilla
Tortilla de Langostinos

Für 4 Portionen

- 150 g Hummerkrabben oder Garnelenschwänze
- 1 Schalotte
- ½ Knoblauchzehe
- 1 Stängel Petersilie
- 2 EL Olivenöl
- Salz
- weißer Pfeffer
- 3 Eier

1. Die Hummerkrabben oder Garnelenschwänze schälen, am Rücken einschneiden, vom Darmfaden befreien, waschen, trockentupfen und klein schneiden.

2. Die Schalotte und die ½ Knoblauchzehe abziehen und fein würfeln. Die Petersilie waschen, trockentupfen, die Blättchen abzupfen und hacken.

3. Das Olivenöl in einer beschichteten Pfanne erhitzen und die Schalotte darin bei schwacher Hitze glasig braten. Hummerkrabben und Knoblauch dazugeben, mit Petersilie, Salz und Pfeffer würzen und 2 Minuten garen.

4. Die Eier in einer Schüssel verschlagen, mit Salz würzen und die Hummerkrabben unterheben.

5. Die Pfanne nochmals erhitzen, die Eimischung hineingießen, gleichmäßig verteilen und 2 Minuten bei mittlerer Hitze braten. Die Pfanne mit einem Deckel, der etwas größer als die Pfanne ist, zudecken, mit einer schnellen Bewegung die Pfanne umdrehen, so dass die Tortilla auf den Deckel fällt, und die Tortilla zurück in die Pfanne gleiten lassen. Weitere 2 Minuten garen.

6. Die Tortilla in kleine Stücke schneiden und auf einer Platte anrichten. Heiß, lauwarm oder kalt servieren und Zahnstocher zum Aufspießen dazustellen.

Zubereitungszeit:
ca. 25 Minuten

Variante
Preiswerter wird es, wenn Sie die Hummerkrabben durch tiefgefrorene Nordseeshrimps ersetzen, die Sie aufgetaut einfach zur Eimasse geben.

Serviertipp
Zu dieser edlen Tortilla einen fruchtigen, leichten Weißwein reichen.

Vegetarisch

Ländliche Tortilla
Tortilla Campera

Für 4 Portionen

- 1 kg Kartoffeln
- 1 rote Paprika
- 1 mittelgroße Zwiebel
- 6 EL Olivenöl
- Salz
- 1 Knoblauchzehe
- 6 Eier
- ½ Bund Petersilie

1. Die Kartoffeln waschen, schälen und in Scheiben schneiden. Paprika waschen, halbieren, von Stielansatz, weißen Zwischenwänden und Kernen befreien und würfeln. Die Zwiebel abziehen und in Ringe schneiden.

2. In einer großen beschichteten Pfanne das Olivenöl erhitzen, die Kartoffelscheiben dazugeben und auf beiden Seiten hellbraun anbraten. Die Zwiebel und die Paprika hinzufügen, mit Salz würzen und unter Rühren weiterbraten, bis die Kartoffeln weich sind. Die Knoblauchzehe abziehen, fein würfeln und kurz vor Ende der Garzeit zugeben.

3. Die Eier in einer großen Schüssel verschlagen. Die Petersilie waschen, trockentupfen, die Blättchen abzupfen, hacken und mit den Eiern vermischen. Mit Salz würzen. Das Gemüse zu den Eiern geben und gut vermischen.

4. Eier und Gemüse in die Pfanne geben und gleichmäßig verteilen. 2 Minuten bei mittlerer Hitze braten. Die Pfanne mit einem Deckel, der etwas größer als die Pfanne ist, zudecken, mit einer schnellen Bewegung die Pfanne umdrehen, so dass die Tortilla auf den Deckel fällt, und die Tortilla zurück in die Pfanne gleiten lassen. Nochmals 3 Minuten braten.

5. Die Tortilla in 8 Dreiecke oder kleine Quadrate schneiden und auf vier Teller verteilen.

Zubereitungszeit:
ca. 45 Minuten

Serviertipp
Dazu passt gut ein üppiger Rotwein, z. B. ein Valtravieso Reserva del Duero.

Auch bei uns wird die Ländliche Tortilla (Bild rechts) aus Kartoffeln heiß geliebt.

> **Tipp**
> Sie können die Tortilla warm, lauwarm oder kalt servieren und auch am folgenden Tag noch essen. Sie schmeckt immer! Allerdings darf sie nicht im Kühlschrank aufbewahrt werden.

Vegetarisch

Gebackene Gemüseringe
Aritos Rebozados

Für 4 Portionen

- 1 große Zwiebel
- 1 rote Paprika
- 4 feste Tomaten
- 1 kleine Aubergine
- 1 Stängel Petersilie
- 1 Stängel Majoran
- 2 Eier
- Salz
- 500 ml Oliven- oder
  neutrales Pflanzenöl zum
  Frittieren
- Mehl zum Panieren

1. Die Zwiebel abziehen und in 12 Ringe schneiden. Die Paprika waschen, von Stielansatz, weißen Zwischenwänden und Kernen befreien und die Schote ebenfalls in 12 Ringe schneiden.

2. Die Tomaten waschen, vom Stielansatz befreien und jeweils in 4 Scheiben schneiden. Die Aubergine waschen und quer in 8 Scheiben schneiden. Petersilie und Majoran waschen, trockentupfen, die Blättchen abzupfen und hacken.

3. Die Eier mit etwas Salz verschlagen. Majoran und Petersilie dazugeben.

4. Den Backofen auf 150 °C (Gas Stufe 1) vorheizen. Das Olivenöl erhitzen. Gemüseringe und -scheiben salzen, in Mehl wälzen, in Ei tauchen, überflüssiges Ei ablaufen lassen und im heißen Öl portionsweise 3 bis 5 Minuten goldbraun backen. Auf Küchenpapier abtropfen lassen und im heißen Ofen warm halten, bis alle Scheiben gebacken sind.

5. Das gebackene Gemüse auf einer Platte anrichten oder auf vier Teller verteilen und sofort servieren.

Zubereitungszeit:
ca. 50 Minuten

Serviertipp
Reichen Sie dazu einen fruchtigen, würzigen Rotwein.

 Gelingt leicht

Lammfleischbällchen
Albóndigas de Cordero

Für 4 Portionen

- 1 Scheibe Toastbrot
- 3 EL Milch
- 1 kleine weiße Zwiebel
- 1 kleine Knoblauchzehe
- 1 Stängel Majoran
- 1 Stängel Petersilie
- 100 g Lammhackfleisch aus der Schulter
- 1 Ei
- Salz
- weißer Pfeffer
- Mehl zum Panieren
- 500 ml Oliven- oder neutrales Pflanzenöl zum Frittieren

1. Das Toastbrot 10 Minuten in der lauwarmen Milch einweichen.

2. In der Zwischenzeit Zwiebel und Knoblauch abziehen und fein würfeln. Majoran und Petersilie waschen, trockentupfen, die Blättchen abzupfen und hacken.

3. Das Hackfleisch in eine Schüssel geben. Das Toastbrot ausdrücken und zum Fleisch geben. Mit Zwiebel, Knoblauch, Majoran, Petersilie und dem Ei zu einem festen Fleischteig verarbeiten. Mit Salz und Pfeffer würzen. Aus dem Teig etwa 3 cm große Bällchen formen und in Mehl wälzen.

4. Das Olivenöl erhitzen und die Bällchen darin in 5 bis 7 Minuten goldbraun frittieren. Herausheben und auf Küchenpapier kurz abtropfen lassen.

5. Die Lammfleischbällchen auf einer Platte anrichten oder auf vier Teller verteilen und noch heiß servieren.

Zubereitungszeit:
ca. 35 Minuten

Serviertipp
Zu den Lammfleischbällchen passt ein roter Garnacha aus der Rioja.

Traditionell

Rindfleischbällchen
Albondiguillas de Toro

Für 4 Portionen

- 1 Scheibe Toastbrot
- 3 EL Milch
- 1 kleine weiße Zwiebel
- 1 Knoblauchzehe
- 1 Stängel Petersilie
- 250 g Rinderhackfleisch aus der Schulter
- 1 Ei
- 1 TL Majoran
- Salz
- weißer Pfeffer
- Mehl zum Panieren
- 500 ml Oliven- oder neutrales Pflanzenöl zum Frittieren

1. Das Toastbrot 10 Minuten in der lauwarmen Milch ein weichen. Zwiebel und Knoblauch abziehen und fein würfeln. Die Petersilie waschen, trockentupfen, die Blättchen abzupfen und hacken.

2. Das Hackfleisch mit dem ausgedrückten Toastbrot in eine Schüssel geben. Mit Zwiebel, Knoblauch, Petersilie und dem Ei zu einem festen Fleischteig verarbeiten. Mit Majoran, Salz und Pfeffer würzen. Aus dem Teig 3 cm große Bällchen formen und in Mehl wälzen.

3. Das Olivenöl erhitzen und die Bällchen darin in 5 bis 7 Minuten goldbraun frittieren. Auf einer Platte anrichten oder auf vier Teller verteilen und noch heiß servieren.

Zubereitungszeit: ca. 35 Minuten

Serviertipp
Trinken Sie zu den würzigen Rindfleischbällchen einen kräftigen Rotwein.

Gelingt leicht

Champignons a la Delfin
Champiñones Delfín

Für 4 Portionen

- 12 große weiße Champignons
- 1 große Knoblauchzehe
- 12 Scheiben Käse
- 12 Scheiben Chorizo Rosario

Mit origineller Füllung serviert werden die Champignons à la Delfin (Bild rechts).

1. Den Backofen auf 180 °C (Gas Stufe 2–3, Umluft 160 °C) vorheizen. Die Champignons von den Stielen befreien, waschen und trockentupfen. Die Knoblauchzehe abziehen und in 12 dünne Scheiben schneiden.

2. Die Champignons der Reihe nach mit Knoblauch, Käse und Chorizo füllen, nebeneinander in eine Auflaufform setzen und im

heißen Ofen 10 Minuten überbacken.

3. Jeweils 3 Champignons auf einem Teller anrichten und sofort servieren.

Zubereitungszeit: ca. 25 Minuten

Serviertipp
Zu den gefüllten Champignons schmeckt ein Sherry Fino sehr gut.

 **Originell**

Gefüllte Muscheln Tigerart
Tigres

Für 4 Portionen

- 20 Muscheln
- 2 EL Olivenöl
- 1 Scheibe Weißbrot
- 2 EL Tomatensauce
- Salz
- weißer Pfeffer
- 2 EL Béchamel
- Eier
- 1 EL Semmelbrösel
- 500 ml Oliven- oder neutrales Pflanzenöl zum Frittieren

1. Die Muscheln unter fließendem Wasser gründlich abbürsten oder mit einem Messerrücken sauber schaben, geöffnete Exemplare wegwerfen.

2. 2 Esslöffel Olivenöl in einem Topf erhitzen, die Muscheln zugeben und bei starker Hitze zugedeckt 5 Minuten garen, bis sich die Schalen geöffnet haben. Dabei den Topf mehrmals kräftig schütteln. Die Muscheln abgießen – ungeöffnete Muscheln wegwerfen – und das Fleisch aus den Schalen lösen. Die Schalen aufbewahren und das Muschelfleisch hacken.

3. Die Weißbrotscheibe von der Rinde befreien und zerbröseln. Mit Tomatensauce und gehacktem Muschelfleisch vermischen. Mit Salz und weißem Pfeffer würzen. 5 Minuten ruhen lassen. In die Muschelschalen füllen.

4. Das Ei verschlagen. Die Muscheln auf der Oberseite mit Béchamel bestreichen, erst in Ei, dann in Semmelbröseln wenden. Das restliche Olivenöl erhitzen und die Muscheln darin in 4 bis 5 Minuten frittieren. Herausnehmen und auf Küchenpapier kurz abtropfen lassen.

5. Die Muscheln auf einer Platte anrichten oder auf vier Teller verteilen und sofort servieren.

Zubereitungszeit:
ca. 40 Minuten

Serviertipp
Servieren Sie die frittierten Muscheln mit einem würzigen Weißwein, z. B. mit einem Chardonnay.

Tipps

Wenn die Muschelfüllung nicht fest genug ist, können Sie etwas Mehl oder Semmelbrösel zugeben. Die Béchamel muss sehr dickflüssig und vollständig erkaltet sein, damit sie beim Panieren nicht herunterläuft.

Raffiniert

Kabeljaubällchen
Albóndigas de Bacalao

Für 4 Portionen

- 1 Scheibe Weißbrot
- 1 Zwiebel
- 1 Knoblauchzehe
- ½ Bund Petersilie
- 2 Eier
- 800 g Kabeljau ohne Gräten
- Salz
- weißer Pfeffer
- 500 ml Oliven- oder neutrales Pflanzenöl zum Frittieren
- Mehl zum Panieren

1. Das Weißbrot toasten und fein hacken. Zwiebel und Knoblauchzehe abziehen und fein würfeln. Die Petersilie waschen, trockentupfen, die Blättchen abzupfen und hacken.

2. Die Eier verschlagen. Das Kabeljaufleisch fein hacken und mit den Eiern verrühren. Weißbrot, Zwiebel, Knoblauch und Petersilie zugeben und zu einem formbaren Teig verarbeiten. Mit Salz und Pfeffer würzen.

3. Das Olivenöl in einer tiefen Pfanne erhitzen. Mehl in eine flache Schüssel geben. Aus dem Fischteig Bällchen formen, im Mehl wälzen und im heißen Öl in 5 Minuten goldgelb frittieren. Herausheben und auf Küchenpapier kurz abtropfen lassen.

4. Die Kabeljaubällchen auf einer Platte anrichten oder auf vier Teller verteilen und noch warm servieren.

Zubereitungszeit:
ca. 35 Minuten

Varianten
- Für verschiedene Geschmacksvarianten können Sie 200 Gramm Kabeljau durch die gleiche Menge gehackte Garnelen oder 100 Gramm sehr fein gewürfelten gekochten Schinken ersetzen.
- Sie können den Kabeljauteig auch kräftig mit Paprikapulver rosenscharf würzen.

Serviertipp
Mit einem gut gekühlten Rosé servieren, z. B. mit einem Rosado Crianza.

Rustikal

Sardellen Malagaart
Boquerones Malagueña

Für 4 Portionen

- 1 Knoblauchzehe
- 500 ml Oliven- oder neutrales Pflanzenöl zum Frittieren
- 1 kg frische Sardellen
- 125 g Mehl zum Panieren
- Salz

1. Die Knoblauchzehe abziehen. Das Olivenöl in einer tiefen Pfanne erhitzen. Die Knoblauchzehe zugeben, braun anbraten und wieder herausnehmen.

2. Die Sardellen waschen und trockentupfen. Das Mehl mit dem Salz in eine Plastiktüte geben, die Sardellen hinzufügen und schütteln, bis die Fische gleichmäßig mit Mehl bestäubt sind.

3. Die Sardellen portionsweise in das heiße Öl geben und in 2 bis 3 Minuten goldgelb frittieren. Herausheben und auf Küchenpapier abtropfen lassen. Sofort servieren.

Zubereitungszeit:
ca. 25 Minuten

Serviertipp
Dazu passt ein kräftiger Weißwein, z. B. ein Garnacha Blanca aus der Rioja.

Geht schnell

Frittierte kleine Spieße
Pinchitos fritos

Für 4 Portionen

- 2 Chorizos Rosario
- 200 g Käse nach Wahl
- 8 große Oliven
- 500 ml Oliven- oder neutrales Pflanzenöl zum Frittieren
- 2 Eier
- ½ TL Majoran
- Semmelbrösel

Knusprige Snacks sind Sardellen Malagaart (Bild rechts, unten) und Frittierte kleine Spieße (Bild rechts, oben).

1. Die Chorizos und den Käse in 1 cm große Stücke schneiden. Die Oliven entsteinen.

2. Jeweils mit einer Olive beginnend Chorizo- und Käsestücke abwechselnd auf 4 Spieße verteilen und wieder mit einer Olive abschließen.

3. Das Olivenöl in einer tiefen Pfanne erhitzen. Die Eier verschlagen und Majoran ein-

rühren. Die Spieße erst im Ei, dann in Semmelbröseln wenden und in 1 bis 2 Minuten im heißen Öl frittieren. Sofort servieren.

Zubereitungszeit:
ca. 20 Minuten

Serviertipp
Zu den Spießen am besten einen Sherry Amontillado reichen.

Klassiker

Frittierte Tintenfischringe
Calamares Romana

Für 4 Portionen

- 200 g Kalmare
- 150 g Mehl
- 125 ml Sodawasser
- 1 Prise Colorante
  (Safranersatz, in spanischen
  Lebensmittelgeschäften
  erhältlich), ersatzweise
  Gelbwurz
- Salz
- 500 ml Oliven- oder
  neutrales Pflanzenöl zum
  Frittieren
- 1 Zitrone

1. Kopf und Tentakel der Kalmare aus den Körpertuben herausziehen, die Innereien und das plastikartige Rückgrat entfernen, die Tuben innen ausspülen und die äußere Haut unter fließendem, kaltem Wasser abrubbeln. Die Tuben in Ringe schneiden.

2. Das Mehl mit dem Sodawasser zu einem dickflüssigen Teig verarbeiten. Den Safranersatz zugeben und rühren, bis der Teig eine gelbe Farbe angenommen hat. Mit Salz würzen.

3. Das Öl in einer Fritteuse auf 180 °C erhitzen. Die Tintenfischringe durch den Teig ziehen, überschüssigen Teig abtropfen lassen und die Ringe in 3 Minuten goldgelb frittieren. Herausnehmen und auf Küchenpapier kurz abtropfen lassen.

4. Die Zitrone in Spalten schneiden. Die gebackenen Tintenfischringe auf vier Teller verteilen, mit je 1 Zitronenspalte garnieren und sofort servieren.

Zubereitungszeit:
ca. 30 Minuten

Variante
Für eine besonders exklusive Variante können Sie die Hälfte des Wassers durch Weißwein ersetzen und echten Safran verwenden.

Serviertipp
Servieren Sie die Tintenfischringe mit einem Prensal Blanco, einem trockenen Weißwein aus Mallorca.

Gelingt leicht

Garnelen im Trenchcoat
Gambas en Gabardina

Für 4 Portionen

- 16 rohe Riesengarnelen, ca. 7 cm lang
- 150 g Mehl
- 125 ml Sodawasser
- 4 Safranfäden
- Salz
- 1 Stängel Petersilie
- 500 ml Oliven- oder neutrales Pflanzenöl zum Frittieren
- 1 EL Zitronensaft

1. Die Garnelen schälen, am Rücken einschneiden, vom Darmfaden befreien, waschen und trockentupfen.

2. Das Mehl mit dem Sodawasser zu einem dickflüssigen Teig verarbeiten. Die Safranfäden zugeben und rühren, bis der Teig eine gelbe Farbe angenommen hat. Mit Salz würzen.

3. Die Petersilie waschen, trockentupfen, die Blättchen abzupfen, hacken und unter den Teig ziehen.

4. Das Öl in einer Fritteuse auf 180 °C erhitzen, die Garnelen durch den Teig ziehen, überschüssigen Teig abtropfen lassen und die Garnelen in 5 Minuten goldgelb frittieren. Herausnehmen und auf Küchenpapier kurz abtropfen lassen.

5. Die gebackenen Garnelenschwänze auf vier Teller verteilen oder auf einer Platte anrichten, mit Zitronensaft beträufeln und noch heiß servieren.

Zubereitungszeit:
ca. 30 Minuten

Serviertipp
Dazu einen trockenen Weißwein oder einen Sherry Fino reichen.

Traditionell

Früchte des Mittelmeers
Frutas del Mediterráneo

Für 8 bis 10 Portionen

- 200 g Kalmare
- 300 g Heilbuttfilet
- 300 g frische Sardellen
- 1 große grüne Paprika
- 1 große rote Paprika
- 20 Knoblauchzehen
- 2 Orangen
- 200 g Mehl
- 150 ml Mineralwasser
- etwas Safranpulver
- Salz
- 1 l Oliven- oder neutrales Pflanzenöl zum Frittieren
- 200 g gekochte und geschälte Garnelenschwänze
- 200 g gekochtes Miesmuschelfleisch
- 150 g mit Anchovis gefüllte Oliven
- weißer Pfeffer
- gehackte Petersilie

1. Kopf und Tentakel der Kalmare aus den Körpertuben herausziehen, die Innereien und das plastikartige Rückgrat entfernen, die Tuben innen ausspülen und die äußere Haut unter fließendem, kaltem Wasser abrubbeln. Die Tuben in Ringe schneiden.

2. Das Heilbuttfilet in Streifen von 6 cm Länge und 2 cm Breite schneiden. Die Sardellen waschen und mit Küchenpapier trockentupfen.

3. Die Paprika waschen, halbieren, von Stielansatz, weißen Zwischenwänden und Kernen befreien und in 4 cm große Stücke schneiden. Die Knoblauchzehen abziehen und halbieren.

4. Die Schale von den Orangen schneiden, so dass auch die weiße Haut entfernt ist. Das Fruchtfleisch in 20 Scheiben schneiden und die Kerne entfernen.

5. Mehl, Mineralwasser, Safran und etwas Salz zu einem glatten Teig verrühren.

6. Das Olivenöl in einer Fritteuse auf 180 °C erhitzen. Kalmare, Heilbuttstreifen, Sardellen, Garnelenschwänze, Miesmuschelfleisch, Paprikastücke, Knoblauchzehen, Orangenscheiben und Oliven mit Salz und Pfeffer würzen, durch den Mehlteig ziehen, überschüssigen Teig abtropfen lassen und die Zutaten portionsweiße im heißen Öl goldgelb frittieren. Herausheben, auf Küchenpapier abtropfen lassen und warm halten, bis alle Zutaten frittiert sind.

7. Eine große Platte mit Dekorservietten auslegen und die frittierten Meeresfrüchte und Gemüsestücke darauf anrichten. Mit etwas gehackter Petersilie bestreut noch heiß servieren.

Zubereitungszeit:
ca. 1 Stunde

Serviertipp
Zu diesen Tapas passt ein fruchtiger, nicht zu schwerer Weißwein.

Eine typisch mallorquinische Art, Früchte des Mittelmeers (Bild rechts) zu servieren: goldgelb frittiert und warm serviert.

Impressum

**Die Deutsche Bibliothek –
CIP-Einheitsaufnahme**

Ein Titeldatensatz für diese
Publikation ist bei Der Deutschen
Bibliothek erhältlich.

Augustus Verlag München 2000
© Weltbild Ratgeber Verlage
GmbH & Co. KG
Alle Rechte vorbehalten

Redaktion: Norbert Müller
Projektleitung: Michaela Zelfel
Gestaltung: Ludwig Kaiser,
München
Umschlagfoto und Foodfotos:
Odette Teubner, Füssen
Freisteller: Fotostudio Schmitz,
München, und Verlagsarchiv
Fotos S. 5, 6: Reinhard Eisele
DTP und Litho:
Uhl & Massopust, Aalen
Druck und Bindung:
Offizin Andersen Nexö, Leipzig

Printed in Germany

ISBN 3-8043-6027-0

Gedruckt auf elementar chlorfrei
gebleichtem Papier.

Rezepteregister

Zutatenregister